Soluciones
en sexualidad
infantil y adolescente

Soluciones en sexualidad infantil y adolescente

Estrategias breves para:
mamás/papás/maestras/profesores/
orientadores/psicólogas/
psicoterapeutas

Fernando Álvarez Vázquez
María Elena Balsa Sabbagh

EL LIBRO MUERE CUANDO LO FOTOCOPIAN

COORDINACIÓN EDITORIAL: Danu Hernández
PORTADA: Julieta Bracho-Jamaica
FORMACIÓN: Jésica Segundo

© 2019 Editorial Pax México, Librería Carlos Césarman, S.A.
      Av. Cuauhtémoc 1430
      Col. Santa Cruz Atoyac
      México DF 03310
      Tel. (5255) 5605 7677 • Fax (5255) 5605 7600
      www.editorialpax.com

Primera edición
ISBN: 978-607-9472-69-6
Reservados todos los derechos
Impreso en México / *Printed in Mexico*

Índice

Agradecimientos

Agradecemos con todo el corazón a nuestras maestras que se dieron el tiempo para revisar este trabajo, dando sugerencias útiles y muy puntuales para que este libro no solo tuviera cuerpo, sino también corazón: Liliana Velarde, Angélica Pérez, Lucila Soriano y Liliana Martínez.

María Elena Balsa Sabbagh y
Fernando Álvarez Vázquez

Gracias a mis padres por amarme incondicionalmente, por su ejemplo de amor, trabajo, fuerza y por formar una familia con los mejores hermanos que pudieron regalarme; a los cuatro los amo eternamente.

Gracias a mi hija Mariana por ser mi maestra en perseverancia, valentía y por despertar en mi la llama del amor incondicional.

Gracias a mis maestros, colegas, alumnos, terapeutas y pacientes que me arrojan siempre a buscar verdades y conocimientos.

¡Gracias Fernando, mi amigo del alma, confidente, apoyo, colega, socio y tanto más!, eres el ser de luz que Dios me regaló inmerecidamente para aprender el valor del amor que se cosecha día tras día.

Gracias a mis amigos que son los hermanos que yo elegí para recorrer mi camino.

Gracias a Dios por regalarme esta vida con tantas bendiciones y sobre todo por esta fe en Él que me acompaña día a día.

Dedico este libro a todos los lectores con quienes quiero contribuir para acrecentar su sabiduría sexual y así mejorar este planeta.

María Elena Balsa Sabbagh

Agradezco a mis pacientes, usuarios o consultantes, que sin importar el nombre que les dé, la conexión en los espacios de sanación terapéutica, donde co-construimos realidades más armónicas y serenas para disfrutar la vida, me ha nutrido en todos sentidos.

A todas las escuelas y empresas que han puesto la confianza en nosotros para llevarles un poco de lo que nosotros podemos aportar para juntos crear una verdadera Sabiduría sexual.

También agradezco a mi socia, amiga y hermana espiritual Mary Balsa, juntos hemos emprendido un viaje hacia la creación de nuestra leyenda personal durante estos más de 10 años de convivencia, complicidad, encuentros y desencuentros.

Agradezco al Universo que haya aparecido en mi vida Sabiduría sexual, mientras viajaba de mochilazo por la India, gracias por subirme al intento, leyenda personal o flujo de la vida.

Te agradezco Guerrero Serpiente Emplumada en Flor de Loto, te tengo un profundo respeto y admiración, estoy aprendiendo a tenerte un amor verdaderamente compasivo para cuidarte bonito.

Este libro, como siempre, se lo dedico a mi familia y especialmente a mis sobrinas que tanto amo: Yare y Ani.

El color de tus ojos... El amor de mi vida... Vivi.

Fernando Álvarez Vázquez

PRÓLOGO

Hay quienes ven la vida y los aspectos que la componen, como un conjunto de hechos consumados e inmutables, y para ellos, las cosas "son lo que son" y permanecen siempre de esa manera. Hay quienes creemos que la existencia es un proceso vivo, activo, en continua transformación, y que el mundo se co-crea cada día, a partir de nuevos significados, da lugar a otras posibilidades; como un tejido de hilos de colores distintos que va tomando formas únicas, del cual no somos solo observadores, sino participantes activos en su elaboración.

En muchas manifestaciones humanas, por ejemplo, en el arte, la evolución es clara y "natural": hemos visto cómo se han ido transformando los temas, las formas, los materiales y las técnicas. En la ciencia, la humanidad se maravilla siglo tras siglo de lo diferente que va siendo la vida, por la evolución de los conocimientos y su aplicación a la cotidianeidad. En los sistemas económicos, los transportes, las comunicaciones, en todas las áreas de la vida, es inevitable ver cómo hay procesos de cambio, y la sexualidad no es la excepción, ya que si pensáramos que es una realidad inmutable, poco tendríamos que aprender sobre ella. Sin embargo, si entendemos a la sexualidad humana como un proceso vivo en continua evolución, podemos reconocer que siempre hay algo sobre lo cual podemos reflexionar, aportar, aprender y crear, tanto en nuestra propia vida como en la educación de quienes vienen después de nosotros.

Y qué mejor que tener herramientas educativas a la mano, como este libro, escrito con tanto amor y compromiso por dos profesionales dedicados al tema de la sexualidad, que han complementado su formación de una manera amplia y continua, tanto con preparación académica, como con una vasta experiencia clínica, para poner este conocimiento al alcance de todos.

Además, la propuesta del texto de abordar el tema de la sexualidad desde la óptica del modelo de la Terapia Breve Estratégica (creado por el Dr. Giorgio Nardone), abre la posibilidad de ir más allá de la sola transmisión de conceptos teóricos y apuesta por un método de resolución de problemas cotidianos relacionados con la *Educación de la sexualidad*; y así ayudar a los padres y maestros a construir soluciones de manera eficaz y eficiente, para las situaciones difíciles que se les presentan.

Por último, es importante resaltar que esta obra tiene la intención de colaborar a que las personas vivan más felices y más sanas por lo que los tópicos sobre los que trata están abordados desde un profundo respeto por la libertad y la dignidad humana.

Por todo lo anterior, estoy segura de que esta será una lectura útil y enriquecedora para todos los que nos sabemos aprendices del camino.

Mtra. Liliana Velarde Manzano

INTRODUCCIÓN

"El pueblo que no conoce su historia,
está condenado a repetirla"
Autor desconocido

En la década de los setenta, en México se crea el Consejo Nacional de Población (CONAPO) y se busca instituir la "educación sexual", con la finalidad de controlar el exceso de población que podría entorpecer los planes y proyecciones tanto de los gobiernos como de las grandes capitales. Se crea un modelo de educación sexual destinado a permear todos los niveles socioeconómicos, a través de su implantación en clínicas del sector salud, así como de su difusión en medios masivos de comunicación, con telenovelas y propaganda de todo tipo, a fin de modelar la conducta sexual de los mexicanos con el uso de anticonceptivos.

Durante el gobierno de José López Portillo se introdujo la política de *Educación para la salud* que buscaba que los maestros, con el libro de texto de quinto grado de Ciencias

Naturales, proporcionaran solo una educación sexual con carácter informativo-biológico, desafortunadamente. Este proceso formativo se centró en aspectos fisiológicos, específicamente en la reproducción y la prevención de infecciones y embarazos. Esto impidió que se considerara a la sexualidad como un tema integral, excluyendo lo psicológico, emocional, relacional y hasta lo espiritual.

Nada diferente a lo que se hacía un par de décadas atrás, cuando la preocupación de los adultos se reducía a ocultar la sexualidad a los adolescentes y jóvenes, esperando que "no les llegaran" ideas, ni ganas, ni dudas, asustándolos con enfermedades o embarazos no deseados, considerados motivo de vergüenza y sufrimiento. Con un poco de suerte, a las niñas se les hablaba de la menstruación, y solo a ellas, con un interés estrictamente relacionado con su salud, para cuando se presentara la menarca (primera menstruación).

Bajo la advertencia de: "no vayas a embarazar a ninguna chica" o "no te dejes tocar ni embarazar", iniciaba una precaria vida sexual a escondidas, llena de una mezcla de miedo, dudas y de experiencias que iban de lo chusco hasta verdaderas situaciones trágicas, peligrosas y dolorosas que lastimaban profundamente a quien las padecía.

El ejercicio de la sexualidad se convirtió en un conocimiento empírico, con base en el ensayo y error. Quienes más preparados estaban, habían aprendido algo de los amigos, las revistas pornográficas, enciclopedias, y también de adultos bien o mal intencionados, bien o mal informados.

Hoy afortunadamente, cada vez hay más personas involucradas en la educación de niños y jóvenes, que están interesadas en romper con esa educación sexual tradicional de las décadas anteriores. Buscan transformarla en una educación de la sexualidad donde escuelas y familias realicen esfuerzos conjuntos para hacer cambios de actitud, dentro y fuera de las instituciones, así como en casa. Esto requiere de mucha voluntad, ya que no es nada fácil ser generadores de cambio. Sin embargo, la experiencia es muy enriquecedora: ya los padres de familia cuestionan, revisan una y otra vez el contenido de los programas de educación de la sexualidad, tanto en los libros oficiales, como en los talleres que ofrecen instituciones externas; comparten miedos y preocupaciones en donde dejan entrever sus propias experiencias sexuales, a veces con mucho dolor y angustia.

Un caso que ejemplifica lo anterior, se dio en mayo del 2017, cuando Consuelo Mendoza García, presidenta de la Unión Nacional de Padres de Familia (UNPF), expresó su desacuerdo con el contenido sobre educación sexual de los libros de texto de quinto y sexto grado de Ciencias Naturales. Hizo un llamado para que los padres de familia participaran en la revisión de dichos contenidos; e incluso, la UNPF pidió estar presente al momento en el que las clases de educación sexual se impartieran en las escuelas, para saber cómo se estaban subsanando omisiones como el que el libro de quinto incluya una tabla de diversos métodos anticonceptivos, pero se excluyan los efectos secundarios. Y ya ni mencionar que en este mismo material no se toca el tema de la afectividad, las emociones y la espiritualidad, aspectos nodales al tener relaciones sexuales (Miranda, 2017).

Por otra parte, hoy en día, aún existen ciertos sectores de la sociedad que se rehúsan a que se imparta una educación de la sexualidad abierta y plural, así como a hacer un trabajo de introspección personal de su propia historia sexual. Cruz (2016) informa que algunos padres de familia todavía consideran que dar educación de la sexualidad propicia el inicio de la vida sexual prematura.

Desafortunadamente, aún existen familias, instituciones educativas y entornos sociales que transmiten a los niños el mensaje de que hablar de sexualidad no es lo más adecuado y no es un tema de conversación natural; ni mucho menos se permite preguntar para resolver dudas al respecto. Tienen miedo que el tema se trivialice o se trate de una manera vulgar, dejando fuera elementos esenciales de una verdadera educación de la sexualidad como el respeto, las emociones, la tolerancia, la libertad y la responsabilidad.

Por tales motivos, antes de iniciar un proceso educativo del tema, es importante que quien vaya a estar a cargo, haga una introspección responsable de su propia sexualidad, de su historia y bagaje, percatándose de los prejuicios o mitos que podría transmitir a los chicos y hacer un trabajo personal para evitarlo, en la medida de lo posible. Es indispensable que los educadores como profesores, padres de familia, entrenadores deportivos, reciban capacitación teórica y acompañamiento personal para poder impartir una educación sexual adecuada. De otra forma, lo único que conseguimos es transmitir la desinformación, los conceptos erróneos, los mitos y los prejuicios con los que hemos vivido nuestra propia sexualidad.

De acuerdo al Instituto Mexicano de la Juventud y al Instituto Nacional de Estadística, Geografía, en la encuesta Juventud 2000 (citado en Rodríguez, 2016), el 34% de los jóvenes conocen la educación de la sexualidad en la escuela y un 24% la recibe de sus padres, esto hace evidente la urgencia de capacitar a estos formadores para que los jóvenes que sí tienen esta oportunidad, reciban una educación que les permita vivir feliz y saludablemente su sexualidad.

Por todo lo anterior, en este libro, en primer lugar, hablaremos de *Educación de la sexualidad* como un conjunto de conocimientos teóricos, actitudes y sentimientos que se trasmiten tanto en el hogar como en el ámbito escolar, que promueven el ejercicio de una sexualidad integral; no solo sexo, no solo sentimientos, no solo pensamientos, sino todo lo que nos hace como seres humanos vivirla a plenitud.

Para lograr lo mencionado, los padres, profesores y profesionales implicados en la formación de los estudiantes necesitan conocer conceptos básicos, tener un acceso a un conocimiento científico, homologado, por lo que también incluimos términos indispensables para fomentar una educación de la sexualidad sin prejuicios y que promuevan un abordaje terapéutico mucho más eficaz y eficiente.

También en esta obra se ahonda en las características de cada etapa del *Desarrollo psicosexual*. Elegimos ordenarlo de acuerdo a cuatro fases basadas en los grados escolares: preescolar, entre 3 y 5 años; primaria baja, entre 6 y 8 años;

primaria mayor, entre 9 y 11 años; secundaria y preparatoria, después de los 12 años y antes de los 18 años.

Además, incluimos el tema de la *Relación y comunicación en sexualidad* ya que consideramos que es la base para el cambio, pues apoya el desarrollo de una educación adecuada, enfatizando la importancia de las relaciones afectivas sanas y la comunicación como su punto medular. En ellas se aprende una forma asertiva de comunicar emociones, afectos, desacuerdos y a disfrutar tanto el contacto con el otro como con nosotros mismos. También el apartado advierte sobre las relaciones codependientes y destructivas que promueven la violencia de todo tipo, en especial la psicológica (burlas, descalificación, aplicación de la "ley del hielo", invasión a la intimidad, insultos, entre otras).

A relacionarse se aprenderá inicialmente en casa, viendo el ejemplo de los adultos como modelos a seguir: papá y mamá, abuelos, tíos, primos grandes, por lo que es indispensable que puedan enseñarle a los chicos herramientas que contribuyan a la solución de problemas y expresión de afectos. De igual forma, los profesores necesitan contar con habilidades comunicacionales y de relación que aquí compartimos ya que la comunicación que más impacta es la no verbal, por lo que el ejemplo es lo que dejará huella en los niños y jóvenes.

El apartado de *Diseñando una educación de la sexualidad a la medida*, tiene la finalidad de brindar una visión más amplia de las situaciones que se presentan para los padres y profesores en el terreno de la sexualidad. Revisamos las particularidades que permiten diseñar una intervención que dé en el blanco para generar un cambio y por lo tanto, una solución a las dificultades. La terapia breve estratégica hasta ahora, ha sido para nosotros el modelo más efectivo y práctico para solucionar situaciones aparentemente muy complicadas de sexualidad infantil en muy pocas sesiones. Existen modelos que trabajan con la historia de las personas creyendo que la comprensión del origen del problema automáticamente solucionará el conflicto del presente. Sin embargo, esa inversión de tiempo y hasta de dinero, muchas veces lo que hace es retrasar la implementación de la solución y prolongar el sufrimiento de los usuarios. Otros modelos buscan el significado existencial de las situaciones, perdiéndose en el laberinto del todo y la nada. O están aquellos modelos cuya base es buscar la proyección de los conflictos en las demás personas, logrando transferir la responsabilidad a los otros, o en todo caso, que el paciente se sienta culpable de las propias carencias, pero sin llegar a una solución.

Nuestro propósito es mostrar ejemplos de aplicación de estrategias y técnicas a través de estudios de caso. Se presentan algunos casos de niños y niñas, que muestran durante su desarrollo, problemáticas comunes relacionadas con la sexualidad infantil, de manera que se comparten estrategias de intervención y solución desde el modelo breve estratégico, siempre en favor de sus derechos sexuales y reproductivos. En algunos casos se logró un trabajo en conjunto con las instituciones educativas, los padres y en general con la familia; en otros casos, las emociones, los sentimientos, la ignorancia, el temor y los mitos impidieron a algunas de las partes participar en el proceso. Esto habla del gran trabajo que aún nos queda por hacer como individuos, familias y sociedad. Resulta comprensible que viniendo de una experiencia de vida en donde no se hablaba de sexualidad, enfrentarse al reto de abordar la diversidad sexual infantil sea tan difícil, pero aun así, hay quienes se sobreponen y apoyan y hay quienes al menos no impiden el trabajo.

Además, en el capítulo de *La intervención estratégica*, se comparten una serie de argumentos para justificar la utilidad del modelo estratégico en la resolución de conflictos humanos, en este caso en particular, para la resolución de dificultades en temas de sexualidad infantil. Este modelo ha demostrado su eficacia y eficiencia, no solo en los casos expuestos, sino en aquellos que hemos atendido desde hace más de diez años. El material aquí presentado pretende dar a conocer experiencias, técnicas, descubrimientos, retos y aciertos de un trabajo de equipo apasionado y amoroso con la intención de que niños, niñas y adultos incrementen su Sabiduría sexual.

Para finalizar, no está de más subrayar que para alcanzar una sexualidad incluyente es importante aceptar que el mundo de cada ser humano es muy amplio; la mezcla de lo físico, lo psicológico, y las relaciones que establece cada persona con su entorno así como las experiencias que va viviendo, dan características únicas. Estas combinaciones hacen a cada individuo especial en su mundo íntimo y también al momento de relacionarse con alguien más. Por lo que existe una gran variedad de maneras de experimentar y disfrutar la sexualidad.

Por esta razón la educación tiene que renovarse, considerando que no somos los mismos que hace 5, 10 o 50 años: los paradigmas se han ido transformando y lo que merece hoy nuestra atención es la diversidad existente, no solo en el sentido de orientación o género, sino en todas las prácticas y fantasías que el ser humano es capaz de construir, siempre y cuando sean saludables y respetuosas de los derechos fundamentales.

Esta educación tiene que promover una sexualidad que nos permita conocer, disfrutar, aprender a amar, a tomar decisiones libres y saludables. ¿Qué pasará si cambiamos nuestra visión y práctica de la sexualidad?, ¿cómo disfrutarán nuestros hijos de esa transformación y de qué manera lo transmitirán a sus hijos?

CAPÍTULO 1

EDUCACIÓN DE LA SEXUALIDAD

"La primera tarea de la educación es agitar la vida, pero dejarla libre para que se desarrolle."

María Montessori

Cuando hablamos de sexualidad nadie puede quedarse al margen. Somos seres sexuales durante toda nuestra vida: desde la unión del óvulo y el espermatozoide que nos conformó, hasta el día en que morimos.

A pesar de que la sexualidad da pie a largas y polémicas conversaciones, muchas personas tratan de no hablar abiertamente del tema, y si alguien lo toca se incomodan o cambian rápidamente a otro tópico; procuran hablar en voz baja o disimuladamente, y quizá hasta en broma, pero difícilmente lo hacen de manera abierta porque no lo conciben como algo natural y normal.

Sin embargo, en los medios de comunicación se da una exposición explícita de la sexualidad. Ellos son los dueños y amos de las tendencias actuales en su ejercicio. Imponen un deber ser en los comportamientos de todos, que empuja hacia la maximización de un desempeño sexual genital, convirtiéndolo en una "obligación sexual que origina la incapacidad de su plena realización" (Nardone y Rampin, 2007, p. 21). Dejan de lado elementos que le darían un sentido más profundo como la intimidad, los vínculos, la asertividad, la comunicación, el amor, el cuidado y autocuidado, entre otros.

Por lo tanto, estamos expuestos a mensajes contradictorios. Por un lado hay una sobreexposición a información y contenido con carga sexual en los medios masivos de comunicación, y por el otro, dentro de las instituciones educativas muchas veces los padres de familia ejercen una presión para que se limiten ciertas temáticas que les parecen amenazantes. Las escuelas se ven avasalladas por los prejuicios e ideologías restrictivas que vienen de casa.

La educación en sexualidad desde casa

La mayoría de las personas han ido construyendo su historia sexual, experimentando sobre la marcha, muchas veces sin guía ni claridad de lo que sí se vale y de lo que no. A pesar de que este es uno de los principales miedos que enfrentan los padres de familia respecto a la vida sexual de los hijos, el temor de que actúen a partir de la desinformación, no genera una solución acorde al problema: brindar información adecuada para cada edad, oportunamente.

Por alguna extraña razón, este miedo genera lo contrario: un silencio rotundo sobre el tema, como si la sexualidad fuera un fantasma que está presente pero del que nadie habla.

El ejercicio de nuestra sexualidad depende mucho de lo que la familia construye a través de sus narrativas, de lo que se dice y también de lo que no. Estas narrativas se heredan de generación en generación. Aun cuando los matices cambian, el mensaje de fondo "no hablemos de sexualidad", se mantiene. En general, hemos observado que al impartir educación de la sexualidad, los padres y madres de familia también hablan de un segundo miedo relacionado con el anterior: dar información de más. Refieren principalmente, el compartir conocimientos no aptos para la edad física y psicológica del niño o niña, "¿cómo sé que no daré información de más?", preguntan frecuentemente los papás, y sobre todo las mamás.

Las respuestas a estas preguntas solo las pueden hallar en cada uno de sus hijos e hijas. Al contestar a una duda, primero deben sondear por qué surge esa curiosidad, quién o quiénes están involucrados en sus dudas, hasta dónde se imagina o conoce la respuesta, y luego, indagar cómo se siente al respecto. Con esta información previa, se puede dar una respuesta precisa a lo que el hijo está preguntando, sin dar ni más ni menos de lo que él pide. Esto genera un clima de confianza, que es lo más importante al momento de hablar con ellos de este y de cualquier otro tema (Álvarez, 2017).

Paradójicamente, los padres consideran que darles a sus hijos "información de más", es invitarlos a tener prácticas sexuales de manera prematura, a experimentar su vida sexual sin responsabilidad. Sin embargo, lo que hemos visto es que al seguir las sugerencias dadas en el párrafo anterior, la posibilidad de dar información no solicitada se reduce muchísimo. Además, mantener una buena relación con los hijos facilita que aprendan a tomar decisiones más asertivas en el ejercicio de su sexualidad, porque en realidad, la razón de los jóvenes de más peso para iniciar su vida sexual es la búsqueda de afecto.

Es por esto que desarrollar un vínculo afectivo adecuado con los hijos tiene la finalidad de fomentar una relación de confianza en la que a los niños, niñas y adolescentes se les demuestre que sí se puede hablar del tema con adultos de confianza. Que se tomarán el tiempo de escuchar sus dudas y contestarlas, en la medida de lo posible, claro está. Pero no hay nada de qué preocuparse si algo de lo que los hijos preguntan no lo sabemos a ciencia cierta, porque como se decía anteriormente, el fomentar la relación a través de este diálogo es lo más importante, y recabar la información es lo más sencillo.

Si tu hijo o tu hija te hace una pregunta de la cual desconoces la respuesta o sientes que el impacto al escucharla puede ser muy fuerte, recomendamos que te tomes el tiempo suficiente para preparar una explicación adecuada. Puedes decirle que responderás a su pregunta el próximo sábado, desayunando juntos o que en ese momento no te sientes cómodo o cómoda, hablando de eso con él o ella, pero que le propones que determinado día hablen con más calma del tema.

Con esta estrategia le enseñas a hablar clara y honestamente, generando un clima de confianza basado en que ambas partes escuchen sus propias necesidades, y que respeten sus tiempos para procesar ideas y responder cuestionamientos, como lo hiciste tú al reaccionar de esta forma. No te extrañe que en algún momento en el que tú le pidas que conteste a tus preguntas te responda: "déjame pensarlo" o te pida tiempo para contestarte, pensar o decidir.

Los padres y madres deben o deberían promover en sus hijos el ser independientes y esta estrategia ayuda a este fin. En la medida que los tutores formen seres humanos con autoconfianza, que respeten su necesidad de reflexionar para decidir, serán capaces de ejercer su sexualidad desde un lugar más consciente y mucho más saludable, que quienes no cuentan con esas herramientas.

El no abordar estos temas de manera abierta y clara, ha generado en la mayoría de las personas miedos y tabúes por esos "huecos" que deja la falta de información. Desde casa, esta información errónea va pasando de generación en generación, sin conocer por completo su origen ni el contexto en el cual surgió. Generalmente, estos tabúes fueron perpetrados para evitar experiencias placenteras de los ancestros en materia de sexualidad.

Por ejemplo, mitos como el que las mujeres solo valen cuando son vírgenes; que el hombre siempre está dispuesto y deseoso de tener relaciones sexuales, o que la sexualidad es única y exclusivamente válida con fines reproductivos, son ideas que esconden los temores sociales de la época en la que se tomaban como verdades irrefutables. Sin embargo, aún los seguimos creyendo, los fomentamos y los imponemos. Esto lo hacemos porque tenemos miedo de perder el control sobre nuestros hijos adolescentes, y sobre todo, el control de la práctica de su vida sexual.

Entonces, ante este miedo, nos refugiamos en lo conocido, en lo tradicional y en la religión, sin analizar, sin permitir que el joven cuestione. Perdemos la oportunidad de llegar a acuerdos que los adolescentes respeten más que las normas sinsentido impuestas por nosotros, y que en efecto, en la actualidad, ya ni siquiera son válidas.

Los padres y madres lograrían un verdadero alivio a la ansiedad que les causa que su hijo o hija contraiga una infección de trasmisión sexual, se embarace sin planearlo o sea víctima de un abuso sexual, si establecieran acuerdos en lugar de imponer mandatos. Les parece más fácil implantar como normas lo que es tradicional en su familia. Es la ley del mínimo esfuerzo: seguir con lo ya establecido, y educar con lo que a ellos les impusieron.

Sin embargo, estas costumbres refuerzan que los hijos adolescentes se rebelen, que decidan y que actúen en consecuencia con su rebeldía, en lugar de promover en ellos un ejercicio de reflexión saludable. ¡Qué dilema! Por un lado desear que los hijos vuelen con sus propias alas y sean felices, y por el otro, evitar que decidan por ellos mismos al ocultarles información, evitando que tomen la responsabilidad de sus actos. Esta incongruencia en la educación, si bien no solo sucede en sexualidad, sí es uno de los "nudos" que dificulta el desarrollo saludable de los niños, y en especial de los adolescentes.

Los padres suponen que al hablar de sexualidad con sus hijos e hijas perderán su respeto y los límites que les han marcado, y que automáticamente están autorizando la práctica sexual libre. De ahí les vienen una serie de ideas y fantasías catastróficas de lo que pasará con el supuesto desenfreno de los jóvenes.

Al respecto de este otro miedo, se han realizado algunas investigaciones sobre el impacto de la educación sexual en los chicos. Por ejemplo, en una investigación chilena llevada a cabo entre 1994 y 1995 (Toledo, Luengo, Molina, Murray, Molina y Villegas, 2000), los resultados indican que los adolescentes que reciben educación de la sexualidad de manera integral y adaptada a su realidad y forma de vida, retrasan entre seis y ocho meses el inicio de su vida sexual; asimismo, quienes ya tiene una vida sexual activa, y reciben dicha educación, aumentan el uso de métodos anticonceptivos, lo cual disminuye el índice de embarazos no planeados.

En este mismo estudio se encontró que los conocimientos sobre sexualidad adquiridos por cualquier medio van en aumento, debido en parte a la información que los medios de comunicación actual transmiten. Esto refuta la teoría de algunos sectores conservadores de que el hecho de que no se imparta educación sexual evitará conocer de este tema. En lugar de esto, lo que se logra con "intentar ocultar la información", como ya lo hemos mencionado, es el inicio de prácticas sexuales más tempranas, con menos protección y con más riesgos para la salud física y emocional de los adolescentes.

Es por esto que la educación en sexualidad adecuadamente impartida, puede generar conciencia, capacidad de análisis y enseñar conocimientos para la toma de decisiones. Por su parte, la ignorancia hace realidad esas fantasías indeseables que los padres albergan. También orilla a los jóvenes a hacer cosas que no quieren, ya sea por presión social o por el placer momentáneo (que a veces ni consiguen), dejando un profundo vacío existencial.

De tal manera, que los miedos al dar información, como son generar una pérdida de respeto y límites en la relación entre padres e hijos y sugerir prácticas sexuales con las que los adultos no están cómodos en su propia vida íntima, podemos transformarlos en una genuina preocupación porque los hijos cuenten con información adecuada, científica y verdadera, así como en el interés de que vivan una sexualidad saludable y placentera. Esto los hará mejores personas, más responsables y vivir felices y satisfechos, que es a fin de cuentas, lo que de corazón los padres desean para sus hijos.

Si bien es importante que niños y adolescentes estén enterados de situaciones de riesgo como abusos sexuales e infecciones de trasmisión sexual, de métodos de protección contra infecciones y embarazos no planeados, también es igual de importante que aprendan *cómo sí disfrutar su sexualidad, cómo tener una sexualidad saludable y placentera.* Hablar del lado positivo de la sexualidad, de lo que pueden vivir si toman decisiones acertadas, de prácticas sexuales sin riesgos que los lleven a disfrutar su cuerpo (como el autoerotismo, la masturbación, los besos y caricias íntimas), es darles opciones para encaminar sus deseos e impulsos, así como promover el autoconocimiento corporal. También abre la posibilidad de darles opciones como postergar el inicio de su vida sexual activa y elegir la abstinencia hasta que ellos decidan otra cosa.

Hablar con los adolescentes de estas elecciones le pondrán sobre la mesa opciones bien fundamentadas, y el conocimiento de las consecuencias y responsabilidades que cada camino elegido conlleva. Les dará el gran poder de ser ellos quienes moldeen su sexualidad adulta, a partir de valores como la responsabilidad, el respeto, el amor y cuidado del otro. A estos valores universales, como padre de familia, puedes agregar valores específicos que quieras compartirle respecto a su sexualidad. Es importante decir que puedes fomentar estos valores con el deseo de que dirijan su toma de decisiones, sin embargo, no siempre elegirán lo que deseas, o piensas que es lo mejor para tus hijos.

Hay que recordar que la infancia y la adolescencia son etapas de búsqueda en las que cada uno de nosotros se convierte en el ser humano único e irrepetible que es.

Quizá tu hijo, no tome tanto en cuenta tu opinión como padre, ni imite tus valores, ni retome tu concepción de la realidad. Pero siempre y cuando no lo obligues a hacerlo y solo lo acompañes en su análisis de lo que está bien para él y lo que no, se cultivará una relación de calidad entre ustedes. Incluso, tendrás la oportunidad de conocer sus ideas y pensamientos y también de compartir tu punto de vista. Lo más enriquecedor de este intercambio será que ambos crecerán: te sentirás confiado y satisfecho de no darle solo información sobre sexo, sino de formarlo con una verdadera educación de la sexualidad. Este proceso seguramente también será una guía y una nueva forma de concebir tu propia sexualidad, así como de relacionarte con tu hijo o hija.

Educación de la sexualidad en el ámbito educativo

La educación de la sexualidad se da de dos formas distintas en las escuelas: por un lado, hay instituciones que saben de la importancia que reviste a nivel preventivo, y por otro, las que a partir de una situación problemática solicitan apoyo; esto a través de una intervención directa por parte de los expertos, de una capacitación para los colaboradores o a partir de conferencias y talleres para la comunidad educativa (padres de familia, alumnos y planta docente y autoridades). El nivel preventivo presenta la ventaja de ir un paso adelante: aún no ha surgido algún problema concreto, pero la comunidad educativa está ya capacitada, los alumnos se presentan generalmente dispuestos y entusiasmados para recibir información sobre los temas seleccionados y para realizar las actividades de aprendizaje. Se propicia una dinámica colaborativa de trabajo con fines lúdicos.

Cuando la educación de la sexualidad se ve necesaria para solucionar problemas la estrategia es diferente. Se abordan temas enfocados a la situación por resolver. Los alumnos o profesores reciben la información con una "percepción selectiva", buscando la relación con el problema. En este segundo esquema se entiende la educación de la sexualidad como una solución y se llega a descartar como información útil, aplicable a situaciones futuras.

El reto no solo está en lograr diseñar estrategias de solución efectivas, sino en alcanzar el nivel preventivo. Pero en ambos casos, durante la actividad grupal se requiere de un inicio que propicie un trabajo profundo: el *rapport* con el grupo se utiliza para generar un clima de confianza que favorezca los acuerdos y el empezar a hablar del tema con menos ansiedad e inquietud. Como educadores para la sexualidad es muy importante lograr tratar los temas con naturalidad, creando un equilibrio entre respeto y confianza, que favorezca el aprendizaje significativo. Es por ello que se hace necesaria la capacitación del personal docente de todas las materias, para generar este equilibrio en el trabajo diario. Así puede suceder que cualquier alumno se acerque a cualquier profesor, para exponer dudas o situaciones difíciles por las que esté atravesando, relacionadas con la sexualidad. Si el maestro no está preparado y solo lo canaliza con el experto, se echa por la borda esa confianza que ya se generó entre docente y alumno.

Por otra parte, la educación de la sexualidad impartida en grupos escolares ha demostrado un mayor efecto que la información que se recibe de manera pesonalizada. Una de las ventajas de esta modalidad, es que las dudas y comentarios dan indicios del nivel promedio de información que manejan los alumnos, lo que permite trabajar para homogeneizar los conocimientos que todos deben de tener sobre algún tema en particular. Otra ventaja es que a través de los comentarios que se hacen, se puede saber si comparten información no acorde al desarrollo psicosexual del grupo, e identificar así situaciones de riesgo y abordarlas oportunamente.

Un ejemplo de una situación grupal se dio en una intervención que realizamos con alumnos de quinto de primaria. Ellos comentaron sobre pornografía –una conducta no acorde con su desarrollo–, relataron prácticas y describieron imágenes que habían visto sin el consentimiento de sus padres. Pudimos descubrir que una cuarta parte del grupo había tenido contacto de forma regular con la pornografía, otra cuarta parte sabía qué era, pero no la habían visto y el resto desconocía inclusive el término. Al surgir esta situación, se abordó estratégicamente, al generar un análisis del tema, evitando que quienes desconocían sobre pornografía fueran informados por sus propios compañeros. De este análisis surgieron conclusiones con impactos positivos para los alumnos, en primer lugar, el conocimiento veraz de que la pornografía es un negocio que obtiene dividendos al mostrar el cuerpo desnudo, enfocándose particularmente a los órganos sexuales; en segundo lugar, que los cuerpos que ahí se presentan están modificados por la toma de la cámara, y en tercer lugar, que se trata de material hecho para adultos.

La oportunidad de hablar sobre el tema se aprovechó positivamente para facilitar la reflexión acerca de los estereotipos de género, la violencia que se promueve en este tipo de materiales, y para cuestionar los ideales corporales que propician una permanente inconformidad con la autoimagen.

En este tipo de casos, la mejor forma que encontramos para definir a la pornografía con los preadolescentes y adolescentes es la siguiente: "son todos aquellos materiales escritos, imágenes o reproducciones que representan desnudos o actos sexuales con el fin de provocar excitación sexual en quien la ve" (Laguarda, Laguarda y Novelo, 2015). Como se precisó anteriormente, es importante, que en la medida de lo posible, se evite que el primer contacto de los alumnos que aún no han visto o no les interese este tipo de material, sea propiciado por alguno de sus compañeros.

Regresando a este caso en particular, a la institución educativa, esta intervención le dio dos ventajas: la primera, manejar el tema en un nivel preventivo con quienes no habían tenido contacto con la pornografía y en segundo lugar, la anticipación de problemas derivados de quienes la consumían con frecuencia. A los padres de familia se les dio la oportunidad de que sus hijos e hijas hablaran de pornografía a partir de conceptos científicos, en un contexto de seguridad y respeto, ubicándolos a la vez sobre la realidad de que los estudiantes ya manejaban conocimentos sobre este tema.

En este tipo de situaciones, adicionalmente se puede tener la precaución de guardar los materiales para adultos que se tuvieran en casa, sin embargo, siendo realistas, esconderlos es una estrategia que funciona hasta los ocho o nueve años. Más grandes es necesario usar otros recursos con los chicos, como propiciar en ellos la capacidad de análisis y cierto criterio sobre el consumo de pornografía porque se volverá imposible controlar el acceso.

En el análisis de este tema y otros más, es importante incluir a toda la comunidad educativa: padres, madres de familia, profesores y alumnos. Esto permitirá que los niños y adolescentes perciban que todos conforman un frente común, donde cada uno cumple un rol distinto: la escuela proporcionará información técnica y formación en valores universales y la familia aportará valores específicos, propios de su sistema.

Por ejemplo, se puede hablar en el contexto escolar de la responsabilidad al momento de tener relaciones sexuales por primera vez, precisando la necesidad de cuidarse de una infección de trasmisión sexual y cómo evitar embarazos no planeados, concientizándolos sobre el valor del respeto por su propio cuerpo. Ya en el ámbito familiar, se puede hablar de estos mismos valores agregando, por ejemplo, en determinadas familias si así lo determinan, que esa primera relación sexual deberá ser con alguien con quien se tenga una relación formal, un valor que quizá como tal no compartan otros sistemas familiares.

Una educación de la sexualidad a la medida

Suponer que hay una sola forma de ejercer la sexualidad para todos, es tan absurdo como el creer que todos los seres humanos tenemos los mismos pensamientos, las mismas costumbres y los mismos valores. Es verdad que todos debemos tener acceso a una sexualidad libre, placentera, responsable y saludable, como lo dice la Declaración de los Derechos Humanos y específicamente, la de Los derechos sexuales y Reproductivos, pero cada quien tiene la libertad de vivirla como le ajusta, a partir de un "diseño a la medida" (Naciones Unidas Derechos Humanos. Oficina del alto comisionado, 2014).

Así que, si alguien piensa que lo mejor es llegar virgen al matrimonio o que se deben tener relaciones sexuales lo antes posible, eso no significa que todos tengan que estar de acuerdo, ni que esos valores relativos se deban seguir por toda una sociedad. Eso sí, pueden ser inculcados en casa, sin embargo, si se imponen, se genera violencia y desigualdad, amenazando la libertad y atentando contra la dignidad de los miembros del núcleo familiar. Por ejemplo, durante mucho tiempo se pensó que el hombre era la cabeza de la familia (idea que prevalece en algunos sistemas familiares hoy en día). Esta noción de poder y propiedad sobre los otros, llevaba a la práctica actos violentos sobre la pareja y los hijos.

Esta y otra construcción social que es muy importante cuestionar es que los niños y adolescentes no tienen sexualidad. Freud (1905/2012) sacó a la luz, a principios el siglo xx, una publicación que cuestionó la inexistencia de la sexualidad infantil, en donde advierte que los niños sí tienen sexualidad, pero entendida de forma distinta en las diversas etapas de su crecimiento, donde las zonas erógenas juegan un papel muy importante en su desarrollo. La creencia de que la sexualidad es sinónimo de la aparición de los caracteres sexuales secundarios, gracias a la acción de las hormonas sexuales, se torna nociva porque conlleva a la idea de que es hasta la adolescencia donde se debe iniciar la educación de la sexualidad. Sin embargo, si aceptáramos que la sexualidad se construye incluso desde antes de nacer, y que desde que somos concebidos, por el hecho de tener cromosomas que determinan nuestro sexo, ya somos seres sexuales, sabríamos a ciencia cierta de la importancia de tocar el tema desde edades tempranas. Esto lo entendemos muy bien en nuestra organización *Sabiduría sexual*, la cual imparte talleres a niños, desde los tres años de edad.

A partir de esta experiencia sabemos que el primer reto que enfrentamos ante cualquier conducta sexual de niños y adolescentes, es desafiar las etiquetas, ya que estas son marcos de referencia rígidos que hacen que miremos dicho comportamiento bajo el juicio adulto, "cumpliéndose" así las profecías más temidas. Por ejemplo, cuando un pequeño de tres o cuatro años toca los órganos sexuales de otro niño, se le señala como alguien inapropiado, se le acusa desde los criterios de un erotismo adulto, calificándolo de "perverso" o "enfermo"; cuando en realidad lo que los mueve a realizar esta exploración es saciar la curiosidad natural de esta edad.

Lo mismo sucede con niños o adolescentes que tienen conductas sexuales que más bien son producto de aprendizajes o experiencias no acordes a su edad. En lugar de indagar lo que verdaderamente está pasando, se da un diagnóstico invalidante y descalificador, que más que ayudar a resolver el problema, lo agrava, provocando sufrimiento y dolor. Uno de los retos que enfrentamos los padres de familia y profesionales que estamos alrededor de los niños, es buscar nuevas formas de apoyarlos, sin lastimar su integridad y dignidad, a partir de soluciones más prácticas y efectivas.

Para ello necesitamos cambiar algunas de nuestras creencias. Una de ellas es que cualquier conducta que genera un problema de tipo sexual está relacionada con "algo" que sucedió en el pasado o con "algo" que está mal en el niño. Lo que desde nuestra experiencia hemos aprendido, es que las interacciones entre los diferentes sistemas (familiar, educativo, religioso, etc.) son las que pueden estar manteniendo el problema. No es que necesariamente el niño tenga "algo malo dentro" o que "tenga un trauma por su pasado" lo que explique una dificultad con cierta conducta sexual; puede ser también que la manera en la que los adultos que lo rodean intentan resolverla, haga que persista o se complique aún más.

Otra creencia a cuestionar, es que la educación de la sexualidad es peligrosa, por lo que debe prohibirse, ya que provoca que los niños y jóvenes busquen información que tarde o temprano van a querer poner en práctica en su vida, adelantándose a su desarrollo psicosexual. Esta creencia es producto de la definición tan reducida que en general se tiene de lo que es sexualidad.

El poder diseñar una sexualidad a la medida, implica desechar estos valores invalidantes para realmente respetar la dignidad de todos los seres humanos. Al permitir la expresión libre y responsable de la sexualidad se evita promover el miedo al placer y al contrario, se favorece la búsqueda, en cualquier oportunidad, del goce de la vida, logrando con ello un equilibrio saludable. Cuando se da una libertad informada, el resultado es un mejor manejo de la propia sexualidad.

Curiosamente, entre más se prohíba y se reprima física o mentalmente, esta se torna en una obsesión que puede escalar a la compulsión. Por ejemplo, ciertas instituciones religiosas, educativas y hasta asociaciones civiles, no solo no tocan el tema de la sexualidad, sino que reprueban el ponerla en práctica. De manera que esta sigue un cauce nada saludable como la pederastia, el abuso sexual y las relaciones sexuales clandestinas, que generalmente conllevan embarazos no deseados y abortos en condiciones peligrosas, que ponen en riesgo la vida de muchas mujeres.

Lo anterior lo vivimos al ser invitados a dar conferencias a jóvenes de una secundaria sobre temas de sexualidad. Nunca antes habían solicitado alguna plática de este tipo, era la primera vez, ya que sus creencias equivocadas sobre las consecuencias de impartir educación de la sexualidad, no lo permitían. En esa ocasión se dieron cuenta que era prácticamente inaplazable, debido a la cantidad de embarazos no deseados que había y por la violencia de género que ya se había naturalizado en la institución. De entrada, los directivos nos advirtieron que no se podían tocar ciertos temas como el uso del condón, entre otros que les causaban preocupación. En estos casos, se negocia que si alguien llega a preguntar sobre el tema, es necesario abordarlo.

Fue interesante ver la reacción de los jóvenes: durante toda la conferencia estuvieron muy ansiosos, no podían dejar de reírse, de hablar y de moverse. Ha sido el grupo más inquieto con el que hemos trabajado, ya que la prohibición de hablar acerca del tema los hizo alborotarse aún más y tener la necesidad de hacer muchísimas preguntas. Lo interesante es que no solo preguntaron sobre el condón, sino sobre muchos otros temas que los directivos ni imaginaban que podrían tener la inquietud de explorar.

Este es un claro ejemplo de que cuando se prohíbe a los chicos conocer sobre su sexualidad, les provoca mucha ansiedad y los empuja a buscar otras fuentes que satisfagan su necesidad de información, aunque en ocasiones no sean las más adecuadas.

Por todo lo anterior, los invitamos a pensar ¿qué tipo de sexualidad deseo transmitir a las generaciones venideras (hijos, alumnos, sobrinos, nietos, pacientes, usuarios...)? y a reflexionar sobre ¿qué sexualidad estoy diseñando para mí como adulto?, pues es el modelo que estoy transmitiendo a los niños y jóvenes que están a mi alrededor.

También a plantearse estas otras preguntas: ¿Cómo me siento con mi cuerpo?, ¿qué relación tengo con mis órganos sexuales?, ¿qué pienso del placer?, ¿qué pasa por mi cabeza cuando veo a personas que no son heterosexuales?, ¿qué pienso de la educación de la sexualidad?, ¿cómo impacta la influencia de los medios de comunicación en mi vida sexual?, ¿qué posición tengo ante la información que transmiten estos medios (crítica de rechazo, o de temor)?

Y a hacerse muchos cuestionamientos más que los ayuden a seguir rediseñando una sexualidad a la medida para cada uno de ustedes, que sea funcional, saludable y placentera.

CAPÍTULO 2

INFORMACIÓN BÁSICA PARA EDUCAR SOBRE SEXUALIDAD

"Nadie es como otro. Ni mejor ni peor. Es otro.
Y si dos están de acuerdo, es por un malentendido"
Jean Paul Sartre

Siguiendo con la lógica de las preguntas, la primera que hay que hacernos es ¿qué es la sexualidad? Como ya lo precisamos en el capítulo anterior, existen mitos alrededor de ella que generan muchos miedos al abordarla con los niños. La razón principal por la que algunos adultos expresan su desacuerdo en brindar información a los pequeños es porque la sexualidad infantil la han confundido con una sexualidad adulta y piensan que en la educación que se imparte sobre este tema se hablará exclusivamente de relaciones coitales, posiciones sexuales o que se les incitará a tener prácticas sexuales desenfrenadamente (Pere Font, 2002).

Nada más alejado de la realidad, esta creencia es una construcción subjetiva llena de prejuicios cuyo origen es un concepto muy limitado de lo que es la sexualidad, moldeado por posturas moralistas que descalifican la libertad de elegir, al tratar de imponer un punto de vista de lo que se debe o no se debe de hacer.

Al contrario, la educación de la sexualidad tiene la misión de romper los estereotipos, fomentando una sexualidad mucho más global (Sanz, 2012) y con una profundidad significativa y enriquecedora; donde no todo se reduce a lo genital, sino que aborda desde los sentidos, las emociones, hasta las conexiones afectivas, desafiando los discursos sociales a través de su deconstrucción.

Entonces, definiendo, la sexualidad está integrada por las manifestaciones psicológicas, sociales y culturales del sexo y el género, que abarcan diferentes conceptos que iremos explicando uno por uno.

El modelo de los cuatro holones de la sexualidad: reproductividad, género, vínculos afectivos y erotismo

Rubio (citado en Rubio y Ortiz, 2012) propone cuatro componentes de la sexualidad, el modelo de este autor la concibe como un sistema compuesto por holones que están en constante interacción. Estos son el holón de la reproductividad, del género, de la vinculación afectiva interpersonal y el del erotismo.

El *holón de la reproductividad* tiene que ver con la capacidad de reproducirnos, que a diferencia de las otras especies, para los humanos implica mucho más que solo el aspecto biológico: el cuidado, la educación para vivir mejor, entre otros. Esta capacidad reproductiva se va construyendo desde antes de que exista la posibilidad biológica de tener hijos, ya que no solo se trata de engendrarlos si no de la realización efectiva de tareas de paternaje o maternaje.

En el caso de los niños y niñas, este holón se va desarrollando a través de los juegos simbólicos y de roles, en un espectro que va desde la reproducción de los roles estereotipados de hombres y mujeres, hasta los roles flexibles; donde la expresión de género adquiere un cariz mucho más amplio y saludable, ya que los niños pueden entrenarse en participar en las labores del hogar y las niñas en explorar sus capacidades para ejercer labores dentro del ámbito público.

El *holón del género* es el conjunto de ideas, actitudes, valores, suposiciones, emociones, percepciones del mundo que construimos alrededor de nuestro sexo. Estas ideas sobre la masculinidad y feminidad se van transmitiendo de generación en generación, lo que da origen a la cultura, que le da forma a las creencias de lo que es ser hombre o mujer.

La construcción del género en la niñez, se va dando a través de los mensajes explícitos e implícitos de lo que se piensa que es ser hombre o mujer. Por ejemplo, cuando les decimos a los niños que "no lloren como niñas" y que se comporten como machos alfa, les estamos enviando el mensaje de que el acto de llorar es exclusivo de un género, pero que además es algo vergonzoso que los hace ser inferiores; por lo tanto, en el mismo mensaje se asume que ser mujer es ser menos que un varón. O cuando les decimos a las niñas que parecen "marimachas" cuando son intrépidas y atrevidas, automáticamente enviamos el mensaje de que la intrepidez y el atrevimiento son atributos exclusivamente masculinos que califican más alto a los hombres en comparación con las mujeres.

Que el niño desde pequeño observe que sus modelos masculinos le dan un alto valor a conquistar a muchas mujeres o al éxito económico, conlleva una obligación que refuerza la idea paradigmática de lo que es "ser un hombre". Por el otro lado, si una niña (aún en esta época) observa a su modelo femenino dispuesto a servir a la familia, dejando en último lugar sus propias necesidades en todas o la mayoría de las ocasiones, incorpora este aprendizaje y lo va aterrizando en su vida cotidiana. Ambas son construcciones de género.

El *holón de los vínculos afectivos* se refiere a la capacidad humana de generar sentimientos y con ellos crear lazos afectivos. Por ejemplo, la madre y el padre están fuertemente vinculados con sus hijos, de tal suerte que cualquier acercamiento representa un gozo enorme, pero el alejamiento es una forma de dolor que causa sufrimiento en muchas ocasiones y justo esas emociones son las que nos vinculan.

Los vínculos afectivos en los niños se van construyendo a lo largo de las relaciones que establecen con las figuras primarias que son los cuidadores principales, que velan por su seguridad e integridad. Es a través de estas relaciones que los pequeños van ensayando para aplicar esas habilidades para vincularse en otras, como son las de amistad, con profesores, y más adelante, en la creación de vínculos amorosos complejos.

El *holón del erotismo* implica la construcción del erotismo, que en los niños ocurre desde que tienen la capacidad de experimentar sensaciones corporales agradables. El erotismo adulto está compuesto de muchos otros elementos generados cuando se desarrolla la capacidad imaginativa que da el proceso de las operaciones formales de abstracción. Es hasta entonces que se puede desencadenar la respuesta sexual humana y culminar en la actividad sexual que va desde el deseo, la excitación, la meseta, el orgasmo, la resolución y el período refractario (Álvarez-Gayou, 2001).

Así que, al escuchar erotismo en los niños, de entrada lo asociamos a un erotismo adulto, lo cual es un error, ya que el erotismo infantil implica una gran variedad de expresiones como la autoexploración corporal (incluyendo autoexploración genital) y el descubrimiento de las sensaciones agradables, que posteriormente comparten con sus pares con el fin de tener placer sensorial inmediato. Todas estas manifestaciones nada tienen que ver con una construcción tan elaborada como el erotismo adulto.

Estos cuatro holones, nos dicen estos autores, se dan de manera fragmentada, pero al irse desarrollando, se van intercomunicando, formando sistemas más complejos y elaborados. Por esto la sexualidad no es la simple reproducción, o la diferencia biológica entre macho y hembra, o tener relaciones coitales; una visión global e integral es lo que hace que nuestra vida sexual no se reduzca a lo biológico, sino que cuente con una riqueza que la torne saludable y placentera.

Conceptos básicos y diversidad en la sexualidad

Los siguientes conceptos nos ayudan a entender lo que llamamos diversidad en la sexualidad. Tal vez para muchos las etiquetas no sean necesarias, y de hecho estamos de acuerdo, pero necesitamos alguna forma de visibilizar las diversas expresiones sexuales para promover y fomentar el respeto a esta diversidad. Lo anterior para generar una sociedad más inclusiva, que derive en la posibilidad de vincularnos profundamente con el ser humano que tenemos enfrente.

El primer concepto esencial que hay que explicar es SEXO, que hace referencia a los aspectos biológicos de dos seres reproductivamente complementarios, cuya determinación es genética dentro de un contínuum (Alvarez-Gayou, 2001). Hablamos de las nociones de macho y hembra y en medio de ellos estarían los estados intersexuales, que incluyen aquellas personas que tienen órganos sexuales ambiguos, tanto de macho como de hembra. Anteriormente se les llamaban hermafroditas, pero ahora ese término ha entrado en desuso para los seres humanos, solo se utliiza para referirse a ciertas especies de plantas que tienen la facultad de la autorreproducción.

También están las personas que nacen con síndrome de Klinefelter o de Turner, ambos causados por los cromosomas sexuales que afectan la fertilidad, la estatura, la morfología corporal. Incluso generan padecimientos físicos como: poco o un desarrollo incompleto de los órganos sexuales, exceso o insuficientes niveles de hormonas relacionadas con el sexo, entre otros.

Así que es a partir de los órganos sexuales de un bebé que se determina si es macho o hembra en el sentido biológico. Cuando se hace el ultrasonido para determinar el sexo, la expresión "es hombre" o "es mujer" no sería lo correcto, sino es "macho" o "hembra"; aunque también podría presentarse la condición de intersexualidad que a simple vista no es tan fácil de identificar, y entre los médicos a veces no llegan a ponerse de acuerdo.

Sobre la representatividad de casos de esta condición "cabe aquí aclarar que no se tienen datos exactos de la cantidad de intersexuales que hay en el mundo, pero aun si fuera uno, la cantidad no importa... Los intersexuales no son únicamente estadísticas, son subjetividades, que tienen derechos y que les son negados, no importa si existe un número pequeño o grande de intersexuales en el mundo, lo importante es que puedan ejercer todos sus derechos, comenzando por el derecho de elegir." (Cabral, 2003 pp. 26-27).

El segundo concepto importante que hay que aclarar es GÉNERO, el cual es entendido como el conjunto de características sociales, culturales, políticas, psicológicas, jurídicas y económicas que la sociedad asigna a las personas de forma diferenciada como propias de hombres y mujeres. Los géneros son construcciones socioculturales que varían a través de la historia y se refieren a los rasgos psicológicos y culturales que la sociedad atribuye a lo que considera "masculino" o "femenino" mediante la educación, el uso del lenguaje, la familia, las instituciones o la religión (Barba, 2018). Hay que tomar en cuenta que este constructo de lo masculino y femenino está rebasado, ya que se están reconociendo y visibilizando otras posibilidades de entender los géneros que sobrepasan esta dicotomía, no solo en los roles, sino también en las expresiones e identidades.

El siguiente concepto es ASIGNACIÓN SEXUAL (Álvarez-Gayou, 2001), que se vincula a lo social, y que algunos sexólogos ahora prefieren nombrarle *asignación de género*[1], pues lo sexual, como se dijo en el concepto anterior es meramente biológico. Es la categoría que se le asigna a una persona a partir de la apariencia de sus órganos sexuales externos. Se dice que es un hombre si el bebé tiene o aparenta órganos sexuales masculinos, esto es si tiene pene y escroto; o se dice que es mujer si los órganos sexuales son femeninos, esto es, si tiene vulva. Por lo tanto cuando un médico dice "felicidades es un niño" o "felicidades es una niña", es cuando se está asignando el género desde su percepción.

Otro concepto importante a aclarar es IDENTIDAD DE GÉNERO, la cual es una experiencia psicológica donde las

---

1 Comunicación personal del médico y sexólogo Eduardo Vinicio Ramos Cuevas.

personas refieren sentirse hombre o mujer, independientemente de su sexo o asignación sexual. Es la convicción personal y subjetiva de pertenecer al género masculino, femenino o a ninguno (Barrios y García, 2008). Cuando una persona dice "yo soy un hombre" o "yo soy una mujer" hace referencia a su identidad de género, es la convicción absoluta de pertenecer a un género: "me percibo como mujer" o "me percibo como hombre".

Si es una persona que en su biología es macho y se identifica como hombre, eso quiere decir que hay una correspondencia entre sexo e identidad de género; lo mismo pasa con una persona hembra si dice que es mujer. A ambos casos se les denomina como *cisgénero*.

¿En qué momento se forma esa identidad?, es una pregunta en torno a la cual aún hoy en día existen muchos debates. Algunos autores señalan que es algo que se va formando desde la vida prenatal hasta el primer año (Alvarez-Gayou y Millán, 2010); otros que se consolida entre los 18 y 30 meses de haber nacido (Barrios y García, 2008.*)*, pero que es capaz de expresarlo entre los 2 y 4 años de edad (Brill y Pepper, 2008). Hasta el momento, lo más aceptado es que el pequeño, desde que ya tiene un dominio del lenguaje, que es a partir de los 3 años aproximadamente, logra identificarse como niño o como niña; no es algo que se aprenda: se forma y después se descubre. La identidad sexo-genérica nadie la enseña: se reconoce y se va manifestando.

En este sentido, un pequeñito de 3 o 4 años ya es capaz de identificarse con uno u otro género. En el caso de niños en condición de transexualidad de esta misma edad, ya tienen la capacidad cognitiva de definir cuando su cuerpo no corresponde con su identidad. Es algo difícil de asimilar, lo comprendemos, pero si un niño o niña cisgénero lo puede hacer, ¿por qué no podría hacerlo un pequeño en está en condición de transexualidad?

Es importante aclarar que esto no quiere decir que por el hecho de que un niño diga un día que se siente niña o que va a jugar a la cocinita o a las muñecas, o que juegue a ser princesa, necesariamente estamos hablando de alguien en condición transgénero. Lo más probable es que se trate de una etapa que tenga que ver con su *expresión de género*, concepto que explicaremos más adelante.

Con relación al papel o ROL DE GÉNERO, este se refiere a la construcción social y cultural de un comportamiento específico, y las expectativas de lo que es ser una mujer (femenino) o un hombre (masculino); es el modo de comportarse de los hombres y las mujeres según su sexo ante la sociedad. Esta noción social se refiere a las actitudes, formas de vestir o formas de ser que deben de asumir las personas de acuerdo a su sexo, asignación e identidad de género.

Por ejemplo, la sociedad dice que las mujeres son más sensibles, vulnerables, amorosas y en general muy emocionales, a diferencia de los hombres de los cuales se dice que son más rudos, fuertes, poco afectivos y más racionales. A las mujeres se les pide estar dentro del hogar, en el ámbito privado, y que en caso de que trabajen fuera, tendría que ser como educadoras, enfermeras, psicólogas, trabajadoras sociales, es decir, desempeñandose en aquellas profesiones que están destinadas al cuidado y atención de los demás.

En cambio, a los hombres se les indica que su lugar es fuera del hogar, en el ámbito público, y sus roles laborales van más hacia la creación o toma de decisión en temas de "mucho impacto", como por ejemplo al ser ingeniero, arquitecto, abogado o al incursionar en la política.

Entonces, las mujeres en casa están "para obedecer y cuidar a los hijos", así como "atender al esposo" y el hombre es el "jefe de la familia", por lo que se le tiene que atender en cuanto llegue. Citando a Conway, Bourque y Scott (Lamas *comp.*, 2013) "Los sistemas de género sin importar su periodo histórico, son sistemas binarios que oponen al hombre y la mujer, lo masculino y lo femenino, y esto, por lo general, no en un plan de igualdad sino en un orden jerárquico" (p.32), donde lo masculino tradicionalmente ha estado por encima de lo femenino.

Si bien se ha dicho que esta división de roles tiene su arranque en el origen de la familia y la propiedad privada[2] para la división y organización de las tareas, el problema se da cuando estos se vuelven obligaciones y no se permite la flexibilidad de los roles a desempeñar ya que se convierten en un estereotipo de género. Por lo tanto, cuando una mujer llega a tomar el liderazgo de una empresa, el ambiente laboral muchas veces no es nada favorable y se hace todo lo posible por sabotear esa condición. O en el caso de un

---

2 Es interesante el planteamiento de Engels (2012) en su libro el "Origen de la familia y la propiedad privada", donde refiere cómo el origen del patriarcado marcó la división de los roles de género a partir de la asignación de las responsabilidades.

hombre que se queda en el hogar realizando los quehaceres y la mujer se va a trabajar en una labor remunerada, el escarnio que tienen que enfrentar es muy fuerte en nuestra sociedad.

Otro concepto fundamental es la *orientación sexual* (Riesenfeld, 2000; Riesenfeld, 2008; González de Alba, 2007) o también ahora llamada ORIENTACIÓN DE GÉNERO o *preferencia genérica* (Alvarez-Gayou, 2001; Alvarez-Gayou y Millán, 2010; Muñoz, 2010), que se refiere a la atracción erótica-afectiva hacia una persona, basada en la identidad y expresión de género del compañero o compañera en cuestión. Es por eso que se le llama orientación de género porque lo que nos atrae es la expresión de género y no el sexo, esto es, los órganos sexuales.

Los heterosexuales (heterogéneros) sienten atracción física, sexual y emocional hacia personas con diferente identidad de género: se trata de un hombre que se siente atraído por las mujeres, o mujeres que se sienten atraídas por hombres. Los homosexuales (homogéneros) son aquellas personas que sienten atracción física, sexual y emocional hacia personas con la misma identidad de género: hombres que se sienten atraídos por hombres y mujeres por mujeres. Los bisexuales (bigénero) sienten atracción física, sexual y emocional hacia personas de ambas identidades de género: personas que se sienten atraídas tanto por hombres como por mujeres.

Es importante mencionar que la orientación sexual o preferencia genérica no está determinada por la práctica sexual, sino por la atracción. En este sentido, el hecho de que dos hombres o dos mujeres tengan un encuentro erótico donde haya excitación u orgasmo, no significa que su orientación sea homosexual (homogénero). Por ejemplo, en las cárceles donde hay hacinamiento con personas del mismo género, muchos de ellos o ellas siguen siendo heterosexuales (heterogénero) aun cuando decidan tener un encuentro sexual con una persona de su mismo género. A esta acción se denomina práctica homosexual y no hace que su orientación cambie ya que le siguen atrayendo personas del otro género, sin embargo, por una necesidad sexual decidió poner en práctica su potencial homosexual, traspasando hacia la línea de lo erótico con una persona de su mismo género.

Por su parte, el POTENCIAL HOMOSEXUAL es un término que se refiere a la capacidad de relacionarnos con personas de nuestro mismo género, a nivel erótico o no. Esto es, por ejemplo, cuando los varones se relacionan afectivamente con sus amigos o familiares de su mismo género de forma no erótica, por mera convivencia, o cuando mujeres que tienen lazos afectivos entre ellas sin llegar necesariamente a lo erótico, se reúnen. En estos casos estamos hablando de que echan mano de su potencial homosexual.

Ahora, también se considera como orientación sexual a la *pansexualidad, la bisexualidad, y la asexualidad.* La primera se caracteriza por sentir atracción sentimental, estética, romántica o sexual, independientemente del género o sexo, por otras personas. También es definida como atracción sexual a todos los géneros, incluyendo a los no binarios. Se distingue de la *bisexualidad* en que esta última es generalmente definida como la atracción sexual hacia dos géneros. Las personas pansexuales a menudo tienden a identificarse como indiferentes hacia el género o sexo de una persona (Sr. Lu, 2016).

La *asexualidad* es la falta de atracción sexual, o el bajo o nulo interés en la actividad sexual humana. Algunas personas asexuales se involucran en actividades sexuales a pesar de carecer de un deseo sexual hacia otras personas, debido a una variedad de razones, tales como el buscar complacer a parejas románticas o por querer tener hijos (An asexual person is a person who does not experience sexual attraction, 2001- 2017). La asexualidad es distinta de la abstinencia sexual y del celibato, que suelen ser conductas motivadas por creencias personales o religiosas.

En cuanto a la TRANSEXUALIDAD, TRANSGENERISMO Y TRAVESTISMO, algunos autores (Brill y Pepper, 2008) llaman transgénero a estas condiciones donde el sexo biológico, la identidad de género y/o el rol de género son cruzados, es decir, de hembra a macho, de mujer a hombre o de femenino a masculino, y viceversa. Nosotros, para fines didácticos y prácticos, estamos de acuerdo con aquellos autores que reconocen las diferencias entre estos tres conceptos. A continuación, se definen:

La *transexualidad* es una condición humana donde hay una discordancia entre la asignación de género (sexo) y la identidad de género. Esto es, un hombre biológico que se vive como mujer o una mujer biológica que se vive como hombre. Puede ser primaria, es decir se presenta desde la niñez, o secundaria, que se descubre en la adolescencia o en la edad adulta (Alvarez-Gayou y Millán, 2010; Barrios y García, 2008). Estas personas generalmente buscan un nivel de reasignación hormonal, quirúrgico estético y de los órganos sexuales.

En el *transgenerismo* la identidad de género de las personas corresponde o no al sexo biológico, pero la persona se viste con prendas con características de otro género durante las 24 horas del día; también buscan un nivel de reasignación hormonal o quirúrgico estético, pero no de los órganos sexuales. Un hombre biológico que se viste y asume actitudes de mujer sintiéndose hombre o mujer, o una mujer biológica que se viste y actúa como el rol masculino y se puede sentir como hombre o mujer (Alvarez-Gayou y Millán, 2010; Barrios y García, 2008).

El *travestismo* es una práctica de personas que usan o se visten con ropas características del otro rol de género. El rol momentáneo que muestran es discordante a su sexo e identidad de género. Por ejemplo, aquellos actores, actrices, bailarines que se visten con prendas del otro género para hacer una presentación, pero una vez que finaliza vuelven a usar las vestimentas que corresponden con su rol de género. Estas personas no buscan ningún nivel de reasignación (Alvarez-Gayou y Millán, 2010).

Otro término que es de mucha utilidad comprender, debido a que muchas veces se confunde con indicios de una orientación sexual, es la EXPRESIÓN DE GÉNERO. Esta es la manera en que expresamos o proyectamos nuestro género basada en los roles tradicionales. Incluye la manera en que nos vestimos, nos comportamos y nuestras actitudes. En muchas ocasiones la expresión de género no corresponde con lo que se impone comúnmente, y de repente, vemos personas que no logramos identificar tan claramente como hombres o mujeres; se muestran andróginos, o son mujeres con actitudes calificadas como masculinas u hombres señalados en nuestra sociedad como femeninos. La expresión de género no necesariamente tiene que ver con la orientación sexual o con la identidad de género, sino con una forma de ser.

Cuando esto sucede en niños se dan reacciones muy alarmistas por parte de los adultos cuando observan que, por ejemplo, a un varón le gusta jugar a las muñecas, a la cocinita o a las princesas, porque piensan que es una señal de que es gay o de que "se volverá" más adelante. Lo que están viendo no es más que una señal de expresión de género, que no es determinante en la orientación sexual o preferencia genérica. También sucede con las niñas que los adultos cuestionan su orientación, si son más rudas de lo que típicamente en nuestra cultura estamos acostumbrados a ver, si tienen un liderazgo muy desarrollado desde pequeñas en grupos mixtos, si son más racionales que emocionales o si prefieren jugar al futbol más a que a la casita o las muñecas. Si bien es cierto que estos niños no encajan con los estereotipos tradicionales dentro de un contexto social, eso no tiene necesariamente alguna relación con su orientación sexual presente o futura; es hasta los 11 o 12 años de edad cuando los adolescentes inician su descubrimiento en cuanto a esta categoría. Ya sea que se prohíba o no cierto tipo de juegos, la orientación no va a cambiar porque no es algo que se elija o se aprenda, es algo que se siente y se descubre. En muchas ocasiones los ademanes o manierismos no son una señal determinante o de alarma, ya que muchas personas homosexuales adultas cumplen con los estereotipos de su género sin que se sospeche de su orientación.

CAPÍTULO 3

DESARROLLO PSICOSEXUAL INFANTIL Y ADOLESCENTE

"Si el sexo es sucio en el cuarto de los niños,
no podrá ser limpio en el lecho nupcial."
A.S. Neill

El desarrollo psicosexual se entiennde como las características biológicas, psicológicas y sociales más comunes alrededor del sexo-género que se presentan en cada etapa o período temporal de la niñez y la adolescencia. Es un tema abordado desde diferentes perspectivas de la psicología y algunos autores han descrito sus observaciones y experiencias, dando una vasta información sobre el proceso de llegar a la vida adulta. En este apartado retomamos aportaciones de estos autores para presentar las características del desarrollo psicosexual infantil y adolescente que están relacionadas con la educación de la sexualidad. Realizamos una división a priori para describir las características del pensamiento y el comportamiento en cada una de estas etapas, lo cual no significa que todos los niños tengan que cumplir con todas las descripciones que hacemos, solo se trata de una guía que respeta y reconoce la singularidad de cada niño.

Etapa del nacimiento a preescolar

Desde el nacimiento hasta los 5 años (aproximadamente)

Desde que somos concebidos existe una carga cromosómica XX o XY que dará por resultado el desarrollo de los órganos sexuales con los cuales se hará la primera "clasificación sexual" de niño o niña. Sin embargo, independientemente de a cuál de los dos grupos se le asigne (asignación sexual), durante el primer año de vida, al bebé le agrada ser acariciado y sentir el contacto físico amoroso. Tanto las caricias como la alimentación y el cuidado, formarán la base de las relaciones amorosas posteriores que esta persona establecerá. No obstante, culturalmente hacemos diferencia al acariciar a niños y niñas, lo cual da inicio a un trato distinto por género y ya no solo por el sexo. En realidad, no hay una diferencia entre las necesidades de cariño que tienen, esto es un mito, sin embargo, suele tratarse con más cariño y ternura a una niña que a un niño, dejando a este último, en muchas ocasiones, sin recibir manifestaciones de afecto.

En cuanto al desarrollo psicosexual, a la edad de los dos a tres años, los niños comienzan a preguntar explícitamente sobre sexo y descubren que corporalmente no somos todos iguales. La estimulación la enfocan a sus órganos sexuales, desarrollan una autoimagen de niño o niña, adoptando los roles propios de cada sexo que se han asignado en la cultura donde viven. Es común que crezcan con ideas erróneas como: "los niños juegan futbol y las niñas a las muñecas"; ellos son "más fuertes" y ellas "más débiles". Las personas nacemos hembras o machos en el sentido biológico, pero no masculinos o femeninos como expresión de género. Entre los tres y los cinco años, se descubre la identidad sexo-genérica como niño o niña. Así establecen el sentido de lo que es femenino y lo que es masculino. Aprenden a identificar a cuál género pertenecen y a cuál corresponden las personas que los rodean. Es en esta edad cuando se establece su identidad de género; sentirse hombre o mujer e identificarse con su sexo biológico. Por lo tanto también es posible que los niños puedan identificarse con el otro género, independientemente de su sexo biológico.

Es importante mencionar que estas conductas deben presentarse de manera consistente e insistente, es decir, que se repiten constantemente no solo por un día, sino mínimo por seis meses (DSM-V). Su interés en realizar actividades del otro género se mantiene durante un tiempo y se manifiesta en diversas actividades, no parece un capricho o una necesidad por desempeñar un papel en alguna actividad lúdica. Se conserva también en diversos ambientes como la casa y el colegio.

En ocasiones, los adultos a cargo como padres y profesores, suponen que es una confusión de términos, y corrigen por ejemplo diciendo "¡No, tú no eres niña, eres niño, porque tienes vulva, usas aretes, te llamas Sofía…!", y la niña pareciera que vuelve a "equivocarse de término" cuando lo que en realidad sucede es que en su saber subjetivo, ya reconoce que sus órganos internos no corresponden con lo que siente: tiene órganos sexuales de un sexo y sensación de pertenecer al género contrario.

Lo que sí es que, independientemente de con cual género se idenfiquen, tocarse los órganos sexuales es una conducta esperada en esta etapa, y los niños y niñas lo hacen generalmente por sentir placer, no desde un placer erótico como el del adulto, sino simplemente porque sienten placer sensorial. Si fuera por ellos se explorarían sin vergüenza alguna, en cualquier sitio y delante de cualquier persona, sin embargo, es importante enseñarles que hay reglas sociales y que lo pueden hacer, por su seguridad y por respeto a los demás, pero en privado.

Esos tocamientos no tienen consecuencias negativas ni predicen ningún comportamiento futuro, en realidad es una forma de conocerse a sí mismos y experimentar; de la misma forma pueden tocar cualquier otra parte de su cuerpo como el dedo gordo de su pie o frotar su oreja (Berdún, 2003).

Estas conductas son naturales, ya sea que lo descubran por sí mismos en solitario o con sus pares, en lugares públicos o privados. Desde muy pequeñas las niñas pueden presentar hinchazón genital y los niños, erecciones entre tres a once veces al día. En ambos casos, estas reacciones físicas son involuntarias y no es conveniente calificarlas desde una percepción adulta erotizada (Prieto, 2002). De hecho, son capaces de tener orgasmos en diferentes situaciones como al balancearse sobre los órganos sexuales o al frotarlos, actividades que suelen descubrir por azar.

Alrededor de los tres años les interesa tocar y observar a los adultos desnudos; algunos chiquitos pueden llegar a estimular ligeramente sus propios órganos sexuales; con una masturbación manual enfocada hasta pueden llegar al orgasmo; también autoexploran su zona anal (Prieto, 2002). Dependerá de los padres si deciden bañarse junto con hijos, o si lo hacen por separado. Puede ser cómodo y práctico para los adultos, sin embargo, si alguno se siente incómodo (el niño o el adulto), es importante que se suspenda esta práctica. Si deciden bañarse juntos deben evitarse tocamientos en los órganos sexuales, tanto de los niños como de los adultos, así como expresiones eróticas entre los participantes, darse beso de grandes, con boca abierta, meter lengua en boca o con intercambio de saliva. Tampoco es adecuado tener relaciones sexuales entre los adultos, si es que se bañan en pareja junto con el pequeño (Álvarez, 2017).

Parte del objetivo de la educación de la sexualidad es dotar de herramientas a los pequeños para cuidarse a sí mismos y relacionarse sanamente, por lo que se hace imperante que los niños y niñas de estas edades sepan que bañarse es un acto privado, que puede ser que en su familia hayan decidido compartir ese momento, pero que en ningún otro contexto se puede hacer. Por ejemplo, se les puede indicar que en ninguna otra casa o familia con las que el pequeño conviva podrá bañarse con alguien más, tampoco debe observar cómo se bañan otros, ni permitir que lo observen bañarse. Dar la instrucción clara de que si llegara a suceder cualquiera de estas tres situaciones será importante que lo diga a papá, mamá o algún adulto de confianza. Mientras los niños y niñas se bañan, pueden nombrar las partes de los órganos sexuales lo más naturalmente posible. Pueden empezar por hablar de orejas, o cabello y aprovechar para enseñarles los nombres correctos de órganos sexuales —pene, vulva, testículos, ano y pechos—. Aunque pueden seguirlos nombrando con los "apodos de cariño" con los que lo han hecho hasta ese momento, es necesario que sepan el nombre correcto de cada parte de su cuerpo (Berdún, 2003).

También en esta etapa se dan los juegos sexuales, por ejemplo, jugar "al papá y a la mamá" o al "doctor". En estas actividades lúdicas se tocan diferentes partes del cuerpo, incluso los órganos sexuales. Estos juegos les generan gran interés, es una forma de tocar y ser tocado que está permitida. Estas actividades, que se dan en jardines de niños o reuniones familiares —entre primos por ejemplo— permiten el desarrollo de la autoestima y la posibilidad de relacionarse con sus semejantes (Prieto, 2002).

Los juegos sexuales sanos entre niños y/o niñas deberán cumplir las siguientes características, de acuerdo a Álvarez (2017, p. 40):

"1) Que sea libre y voluntario, que nadie se sienta obligado o que obligue a alguien a participar, en caso contrario estaríamos hablando de que se trata de bullying o abuso sexual, 2) que los integrantes sean aproximadamente de la misma edad cronológica y de desarrollo, por mucho tendría que haber dos años de diferencia, cuidando que el nivel de desarrollo emocional y cognitivo sean relativamente iguales, 3) que alguno o varios de los niños y niñas que participen, no hayan tenido experiencias previas de exposición a estímulos sexuales no acordes con su nivel de desarrollo psicosexual como películas, revistas, Internet, abuso sexual o pornografía infantil, porque con ello se generarían circunstancias de peligro tanto para estos últimos como para los que no han tenido la experiencia, 4) que no solo compartan los juegos sexuales, sino que de igual modo coincidan con otros juegos, y 5) que no le pidan guardar el secreto sobre ese juego."

A algunos adultos este tipo de juegos les causa incomodidad, ya que no saben cómo reaccionar adecuadamente y tampoco qué hacer si es que descubren a sus hijos o alumnos en estas actividades. Es importante recordar que esto forma parte de un desarrollo esperado, y también es común que los adultos se asusten o se preocupen. Lo que el adulto que llega a presenciar estos juegos sexuales puede hacer, es simplemente retirarse, si es que se cumplen las cinco condiciones para que sean catalogados como sanos. También puede proponer algún otro juego, sin la necesidad de enfatizar que dejen de jugar "a eso", simplemente con una idea más divertida. O incluso puede explicar que para él o ella es incómodo que jueguen así porque podrían lastimar las partes delicadas e íntimas de su cuerpo como son sus órganos sexuales, y que prefiere que jueguen a alguna otra cosa.

Los juegos sexuales suelen darse por género, sin embargo, que un niño varón tenga un juego sexual con otro niño varón, no puede ser predictivo de una preferencia u orientación genérica. Es decir, que durante este periodo de desarrollo no es posible predecir si serán homosexuales o heterosexuales. La preferencia u orientación homogenérica o heterogenérica tiene que ver con quien me atrae eróticamente, lo cual se descubrirá posteriormente en la adolescencia, ya con la participación del proceso hormonal.

Además, el pensamiento en esta etapa es un pensamiento concreto: observa y toca sus órganos sexuales por explorar, no tiene la capacidad del adulto para planear ir al baño a tocarse los órganos sexuales y sentir rico. Simplemente llega al baño con la necesidad de orinar y tocarse y al hacerlo encuentra una sensación placentera (Prieto, 2002), que busca compartir con quienes tiene cerca.

Durante estos años, al adquirir el lenguaje el niño encuentra una forma de nombrar su sexualidad y los sentimientos que acerca de ella se van desarrollando, a partir del aprendizaje con pares y adultos. Tanto en esta etapa como en las siguientes, no hay que perder de vista que la sexualidad es una experiencia interna, corporal y psicológica que se va moldeando por la cultura y el medio en el que el niño y la niña se desarrollan. La familia, la escuela y su medio social influyen en la formación de su personalidad y de su imagen corporal. Al sentirse querido, aceptado y tocado dicha imagen corporal será positiva y valiosa (Prieto, 2002).

Preguntas más frecuentes en esta etapa

Los niños son curiosos siempre, pero en esta etapa en especial, aún no han sido permeados por tabúes y prejuicios sociales, así que de manera espontánea son capaces de hacer preguntas tan abiertamente, que llegan a sorprender a los adultos, los cuales se quedan sin saber qué responder. Por lo anterior, en esta sección se comparten algunas de las principales inquietudes que los niños tienen alrededor del tema de la sexualidad y sus posibles respuestas. Esta es solo una guía y cada quien le podrá agregar los argumentos que considere útiles (o quitar, si no los considera adecuados).

Niña(o): ¿Por qué somos diferentes los niños de las niñas?

Adulta(o): Los niños y las niñas somos diferentes porque tenemos algunas partes de nuestro cuerpo distintas. Los niños tienen pene y testículos mientras que las niñas tienen vulva y vagina. Pero la mayoría de nuestro cuerpo es igual, y aunque haya estas pequeñas diferencias, hombres y mujeres podemos hacer las mismas cosas y ninguna persona es mejor que otra por ser mujer u hombre.

Niño: ¿Por qué yo tengo pene y mi hermana no?

Adulta(o): Porque ella es niña y tiene vulva, los niños tienen pene.

Niño: ¿Por qué se me pone duro el pene?

Adulta(o): El pene se te pone duro por muchas razones: cuando estás emocionado, cuando te lo tocas o roza con algo y sientes bonito, cuando te abrazan o cuando alguien te gusta. Es importante decirte que tu pene es una parte íntima y delicada y que ninguna persona más grande que tú tiene derecho a tocarla.

NIÑA(O): ¿Cómo se hacen los bebés? y ¿por dónde salen?

ADULTA(O): Los bebés se hacen cuando se juntan dos células muy pequeñas. La de papá se llama espermatozoide y la de mamá, óvulo. Cuando esas dos células se juntan forman una célula un poco más grande que se llama cigoto que estará dentro del cuerpo de mamá, en un lugar que se llama trompas uterinas; de ahí viajará hasta otro lugar que se llama útero, que es una bolsita especial donde esa célula va creciendo hasta volverse un feto. Aproximadamente a los nueve meses tiene que salir, ya sea por la vagina, que es un conducto que se hace en forma de tubo que está entre las piernas de las mujeres o por otra forma que es que le abran la pancita a mamá —a esto se le llama cesárea—. Los niños y niñas que ya hicieron preguntas sobre cómo nacen los bebés o por qué son diferentes los niños y las niñas, ya experimentaron la reacción de los adultos que les rodean, ante estos temas. Tanto si sus preguntas fueron contestadas como si no lo fueron, ellos ya identificaron si el adulto se puso nervioso, si evadió la pregunta, si se asustó, si la contestó con naturalidad, o si no lo sabía pero lo investigó y contestó después. Ellos ya se dieron cuenta de la postura ante la sexualidad de estos adultos y si es eso un tema del que no se debe hablar o si es tan natural como preguntar porque vuelan lo pájaros. Ya saben con quién acercarse para hablar sobre sexualidad y con quién no.

Así que cuando un niño o niña acuda con un adulto, idealmente, este deberá contestar de forma sencilla y con la verdad. Antes debe saber qué es exactamente lo que el niño quiere saber, debe indagar de dónde viene la curiosidad y qué es lo que ya sabe con respecto a lo que está preguntando (Álvarez, 2017).

Etapa primaria baja 1º, 2º y 3º grado

Entre los 6 y 8 años (aproximadamente)

Al inicio de la primaria pueden todavía prevalecer algunos de los juegos sexuales que son más característicos de la etapa preescolar, sin embargo, tienden a bajar de frecuencia y a generar menos interés en los niños de estos grados escolares. Según Prieto (2002), en esta etapa se inicia la sensación de culpa por estimularse a sí mismo o por las fantasías sexuales conscientes, debido a las actitudes de los adultos; se forma una idea incipiente de lo bueno y lo malo. En estos años se desarrolla la capacidad de entender las actitudes verbales y no verbales lo que los va llevando a diferenciar "el bien y el mal". Si para el padre o el profesor la sexualidad es un tema incómodo, es mejor decirlo con sinceridad para evitar que sea interpretado por el niño o la niña como algo "malo" o "vergonzoso". Se puede decir simplemente: "me cuesta trabajo hablar de este tema" o "desconozco la respuesta, pero dame oportunidad de investigar [tal o cual cosa] para podértela explicar más claramente". Este es un recurso para ganar tiempo para investigar cómo contestar, tomar seguridad e incluso para ensayar la respuesta, por ejemplo frente a un espejo, o con algún otro adulto.

En esta etapa, a los niños y niñas les interesa conversar de sexualidad y si sienten confianza, preguntan sus dudas. Estas suelen ser cuestionamientos causales como por ejemplo: ¿por qué se casa la gente?, ¿por qué los hombres no cocinan? y es a través de este tipo de preguntas que podemos darles información y romper algunos mitos y estereotipos de género.

Es una buena edad para explicarles que tanto hombres como mujeres son capaces de hacer las mismas cosas ya que cuentan con capacidades e inteligencias similares, sin embargo ellos pueden decidir e interesarse por solo algunas. Por ejemplo, aunque una mujer puede tener la capacidad de manejar un autobús, puede ser que no le interese hacerlo, y no por eso es mejor o peor que un hombre, ambos siguen siendo igualmente valiosos. También puede pasar que un hombre esté interesado en cocinar y eso no lo puede volver de repente mujer, ni tampoco es algo para burlarse o de lo cual él tenga que avergonzarse, simplemente, prefiere hacer esa actividad porque la disfruta y lo hace bien.

Estos niños y niñas ya se identifican con las actividades que realizan adultos de su mismo género. Es en esta etapa donde se asumen los roles, es decir, desempeñan el papel de lo que en esta sociedad se considera ser niño o niña (Berdún, 2003). Por eso es importante hacerles la aclaración de que en esta sociedad en particular se consideran ciertas actividades como propias de cada género, pero no porque sean incapaces unos u otras, sino porque así ha sido la tradición. Precisarles que ellos y ellas pueden hacer cambios en estos roles, si así lo desean, sin que por eso dejen de ser hombres o mujeres.

Al final de esta etapa ya se interesan por cómo es que se relacionan los adultos en la intimidad, hablan de ello con sus pares y se cuidan de ser escuchados por los adultos. Se sienten orgullosos de sus conocimientos sobre sexo y a diferencia de los juegos sexuales de la etapa preescolar, ahora los varones se relacionan corporalmente de forma brusca con pellizcos, apretones y aventones. Suelen tener un mejor amigo del mismo sexo.

Preguntas más frecuentes en esta etapa

En estas edades, los niños realizan preguntas para comprender los cambios que observan en el cuerpo de sus mayores, enfocándose en los caracteres sexuales secundarios. Para muchos adultos esto puede parecer amenazante porque implica cuestionarse sobre sus propios prejuicios, pero si no lo hacen pueden replicarlos al responder a los niños y niñas sobre el tema.

A continuación, encontrarás las principales inquietudes que manifiestan.

Niña(o): ¿Por qué los grandes tienen pelos?

Adulta(o): Porque conforme vamos creciendo nuestro cuerpo va cambiando gracias a unas sustancias que se llaman hormonas, y entre algunos de estos cambios está la aparición del vello púbico, que ayuda a proteger nuestros órganos sexuales para que no se irriten y conserven la temperatura adecuada.

Niño: ¿Se puede caer el pene?

Adulta(o): El pene no se puede caer como si se despegara de nuestro cuerpo, pero sí tenemos que cuidarnos de no golpearlo bruscamente porque lo podemos lastimar; también debemos evitar que alguna persona más grande tú lo toque porque es una parte íntima y delicada.

Niña: ¿Cuándo me van a crecer los pechos?

Adulta(o): Los pechos crecen en la pubertad, es decir cuando se dan cambios importantes en nuestro cuerpo, entre los 9 y 14 años, así que cada cuerpo tiene su propio ritmo, en algunas niñas esta etapa inicia antes y en otras después, recuerda que cada cuerpo es diferente.

Etapa primaria alta 4º, 5º y 6º grado

Entre los 9 y 11 años (aproximadamente)

El inicio de la pubertad es lo que marca el tránsito entre la niñez y la adolescencia. La pubertad es el desarrollo físico en la adolescencia, es decir, la aparición de los caracteres sexuales secundarios que corresponden a los cambios en los órganos internos y externos que hacen posible la unión sexual y la reproducción: la menstruación en la mujer, la eyaculación en el hombre y crecimiento de los órganos sexuales en ambos. Por su parte, la adolescencia corresponde a los cambios psicológicos y sociales de acuerdo a cada contexto social.

También inicia el desarrollo de los rasgos físicos que distinguen a un hombre de una mujer maduros: el cambio de voz, el crecimiento de barba, aumento de la musculatura en el primero; en la segunda el desarrollo mamario, la redistribución de la grasa corporal, y en ambos, la aparición de vello púbico y axilar. Todos estos cambios generan preocupación en los y las adolescentes. En los varones, por el tamaño y posición de los órganos sexuales, y por las eyaculaciones nocturnas, también llamados sueños húmedos. En las mujeres, por el tamaño de los senos y la función de la menstruación. Y en ambos, por la estatura, el peso, el acné así como por los impulsos sexuales y agresivos (Monroy, 2006).

Otra característica de esta etapa es que se mantiene la separación entre los grupos de varones y mujeres y va desapareciendo el egocentrismo, es decir, ya su visión de mundo no se centra en ellos mismos, pueden ser empáticos con el punto de vista del otro. Se empiezan a desvincular de la familia y tienen una vida social muy activa. Los vínculos con los amigos se estrechan y se construye la confianza para hablar sobre sexualidad. Platican sobre cuestiones sexuales con sus compañeros y discuten sobre atractivos físicos: las niñas están interesadas en el crecimiento de los pechos y en ocasiones se ven y se comparan. Los niños siguen relacionándose bruscamente. Juntos pueden realizar juegos donde pueden tocarse como "encantados" o "burro castigado". Su capacidad de observación y pensamiento intuitivo se incrementa y el chico o chica exige veracidad absoluta en las respuestas a sus preguntas, por lo que es el momento perfecto para explicar en qué consiste la fecundación, anticoncepción, menstruación y el tener relaciones sexuales. En muchas ocasiones ya conocen la información sobre estos temas, pero preguntan para comprobar que se les dice la verdad, para ver la reacción de los adultos, para corroborar si lo que ya saben es correcto o para entender aspectos que no les quedan del todo claros.

En esta etapa sigue siendo importante identificar de dónde nace su curiosidad al preguntar, sobre todo para tener claro quién es la fuente de la información, que como dijimos, suelen ser sus pares; sin embargo, para protección de los niños y niñas, conviene identificar si hay alguien más con quien estén conversando acerca del tema.

A estas edades aprenden detalles del "mecanismo" de las relaciones sexuales y tienen dudas e inquietudes acerca de su competencia sexual. Los hombres tienen diferentes tipos de estimulación e interés y hablan sobre desnudos femeninos. Las niñas generalmente se rehúsan a tocar los órganos sexuales de otras, mientras que los muchachos se bajan los pantalones, se miran los penes y comparan tanto el largo como la cantidad de semen que eyaculan (Prieto, 2002). Es importante enfatizar que la sexualidad vista desde la afectividad y el manejo de las emociones aporta elementos valiosos para la toma de decisiones de los chicos y chicas sobre la elección de pareja, el manejo de la presión social y el uso de la asertividad para poner límites, así como para desarrollar habilidades para resolver problemas relacionales.

Desde nuestra organización hemos observado que en diversos grupos escolares, la información que comparten los especialistas es ya conocida por algunos alumnos, desde antes de 4to grado de primaria. Estos datos los obtienen de los medios de comunicación como la televisión, Internet, películas, y también por la convivencia con adolescentes. De alguna forma, el libre acceso que los padres van permitiendo a todas estas fuentes, favorece, que con menor edad, adquieran conocimientos sexuales, e incluso que tengan acceso a imágenes y videos no adecuados ni recomendados para su desarrollo.

En diversas ocasiones nos han solicitado intervenir en familias en donde han "descubierto" que su hijo menor visita páginas de pornografía. Generalmente los chicos llegan a este material de forma fortuita o algún compañero con mayor acceso a información o de mayor edad, se los muestra. Por lo anterior, es importante que los padres de familia enfoquen su atención de forma consciente en la supervisión de lo que sus hijos ven y encuentran en los medios de comunicación, apoyándose para ello en las herramientas tecnológicas que existen para este control.

Algunos padres nos han comentado que tienen "miedo" a la tecnología. Cuando nos consultan de forma privada, abiertamente reconocen que no se meten a las redes, que desconocen cómo funcionan y también ignoran la forma en la que pueden cuidar a sus hijos en ese mundo virtual. Si bien es cierto que es comprensible que tengan esas ideas y sentimientos, estos podrían ser un estímulo para aprender de los chicos y usar este conocimiento a favor de ellos.

Recordamos especialmente un grupo de 5to. grado de primaria, que durante los cursos que impartimos en el colegio, comentaron acerca de una película pornográfica: más de 10 niños la conocían perfectamente. La habían visto a escondidas cuando sus papás salían y la volvían a "esconder" en donde estaba guardada. El consumo de pornografía a esta edad es más común de lo que creemos; revisemos los siguientes resultados de una investigación hecha en México que se obtuvieron:

> "…el 70% de los niños y niñas de entre los 9 a los 12 años de edad ya han contemplado pornografía con contenido explícito. Porcentaje que aumenta para la edad entre los 13 y 18 años, en donde el 96% hombres indica que la ha observado. Esta cifra aumenta al 95% en el caso de las mujeres de 16 a 18 años de edad." (Laguarda, Laguarda y Novelo, 2015 p. 63).

Paralelamente a esto que sucedió en el aula, durante la conferencia con los padres y madres de familia de ese mismo colegio, hubo una mamá que pidió que evitáramos hablar de relaciones sexuales, y sugirió que mejor recurriéramos a la idea de las abejitas y las manzanitas. Al principio pensamos que era una broma, pero la expresión de angustia reveló lo contrario; no es la primera (ni será la última) persona que se acerca a nosotros mostrando estas emociones frente a la educación de la sexualidad que impartimos a sus hijos e hijas.

Con todo el empeño y deseo de que los pequeños queden protegidos por la información y no desamparados por la ignorancia, hemos buscado la mejor forma de manejar estas emociones para apoyar a las madres y a los padres que desean participar activamente en este cambio de postura, de actitud y en el traspasar los límites que su propia educación y experiencia les han dejado.

Los adultos que educan también tienen la responsabilidad de enfocarse en dar información suficiente para fomentar relaciones sanas en todas las etapas del desarrollo psicosexual. Pero en esta etapa en particular, debemos acompañar a los chicos y chicas, ayudándoles a identificar cuáles son demostraciones sanas de cariño o amistad y cuáles son situaciones de riesgo. La necesidad de establecer vínculos de pertenencia y de no ser excluidos de su grupo de amigos y amigas, puede llevarlos a situaciones relacionales violentas, por lo que es importante estar cerca y conocer cómo son las relaciones que establecen.

Definitivamente el ejemplo de los adultos cercanos marcará gran parte de sus relaciones, ya que, como se dijo anteriormente, se identifican con el adulto de su mismo género e "imitan" sus conductas. De tal forma que si la niña o el niño ve en su madre o padre conductas violentas hacia el otro, ya sea que las reciba o que las lleve a cabo, los hijos tienen muchas probabilidades de repetir ese patrón relacional.

Durante el desarrollo psicosexual se van enfrentando retos corporales, psicológicos y relacionales, que dotarán a la persona de habilidades para la vida. A los educadores —ya sea papás o profesores— que acompañan este desarrollo, esta labor les puede hacer revivir y reevaluar sus propios procesos, retos, e incluso sus propios sufrimientos y debilidades, abriéndoles la posibilidad de comprender y de ser empáticos con sus alumnos e hijas.

Otras veces, esto mismo hace que se dificulte ser comprensivo con los niños y adolescentes durante su desarrollo, porque son situaciones que algunos adultos no tienen resueltas o claras. La información nos puede llevar a detectar, cuándo una situación de peligro se puede estar presentando alrededor de un niño o niña, pero también, cuándo como adultos, tenemos problemas con nuestra sexualidad que resolver y que anteriormente no habíamos mirado.

Preguntas más frecuentes en esta etapa

Ahora las preguntas empiezan a volcarse hacia temas relacionales como el noviazgo, las expresiones de afecto, los mitos sexuales y diversas preocupaciones personales. Pero las fuentes que consultan no son predecibles ya que son temas que les resultan embarazosos; hay ocasiones en las que pueden expresar sus dudas abiertamente a los adultos, pero hay otras tantas que prefieren preguntar a sus pares o, en el peor de los casos, guardar el secreto para no exponerse. A continuación se precisan estas inquietudes.

CHICA: ¿Qué se siente cuando se tiene la regla?

ADULTA(O): Durante la menstruación o regla, se da un goteo intermitente, en el orificio de la vagina, durante el día y la noche que puede durar de tres a siete días; dependiendo de cada mujer. Algunas prácticamente no sienten ninguna molestia, solo se preocupan por cuidar su higiene, cambiándose la toalla sanitaria cada cuatro horas aproximadamente. Otras en cambio, sienten algunos malestares como cólicos, dolores de cabeza y cambios de humor; esto puede ser por la acción de las hormonas o por quistes en la matriz o en los ovarios, o algún otro problema físico.

CHICA(O): ¿Por qué no se produce la fecundación la mayoría de los meses?

ADULTA(O): La primer razón es porque no siempre el cuerpo está preparado, ya que en el ciclo menstrual existe un período que se llama ovulación, donde el óvulo ya maduro se desprende del ovario para viajar a través de las trompas uterinas (antes llamadas trompas de Falopio), y ahí ser fecundado (el espermatozoide se junta con el óvulo). Este es un período muy corto por lo que no necesariamente sucede la fecundación cuando se tienen relaciones sexuales. La segunda, es porque muchas parejas usan métodos anticonceptivos que impiden la fecundación del óvulo y el espermatozoide. La tercera es porque no se tienen relaciones sexuales. La cuarta es porque no coinciden el espermatozoide y el óvulo en las trompas uterinas. La quinta es porque hay una disfunción y puede que no haya óvulos o espermatozoides, o la cantidad de estos no sea suficiente.

CHICA (O): ¿Qué se siente dar un beso?

ADULTA(O): Se siente bonito siempre y cuando sea un beso que tú quieres darle a esa persona y que esa persona también quiera dártelo porque sienten curiosidad o cariño uno por el otro.

CHICA (O): ¿El tamaño del pene importa para las relaciones sexuales?

ADULTA(O): Las relaciones sexuales son una expresión de afecto, cariño y/o placer entre algunos adultos. Y la preferencia, tanto de la forma como el tamaño del cuerpo o partes del mismo, varía según el gusto de cada quien.

CHICA(O): ¿Cuándo es la mejor edad para tener novio o novia?

ADULTA(O): No existe una mejor edad para tener novio o novia, ya que para que eso suceda necesitas conocer primero a una persona que te agrade y que se vuelva un amigo muy especial y después ambos acuerden, si así lo desean, pasar a la siguiente fase de la relación que es el noviazgo.

Etapa de secundaria y preparatoria
De los 12 a los 17 años (aproximadamente)

La adolescencia es la transición de la niñez a la vida adulta, el individuo evoluciona de ser un niño o niña dependiente de sus padres (generalmente), a convertirse en un adulto autosuficiente. La persona que está pasando por esta etapa hace ajustes que distinguirán su conducta infantil de la adulta.

La adolescencia tiene un inicio biológico y un fin psicosocial, por lo que es difícil precisar cuándo termina, pero de acuerdo a la Organización Mundial de la Salud (2017), se da entre los 10 y 19 años. Se trata de una de las etapas de transformación más importantes en el desarrollo del ser humano debido a la gran cantidad de cambios físicos, emocionales y sociales que se presentan en ella.

Estos cambios físicos y fisiológicos van desencadenando una serie de cambios psicológicos en donde el autoconcepto, la autoestima, la percepción del mundo, la percepción de otras personas, inclusive la de los padres y familia cercana, se modifican. Esto genera en ellos interés y necesidad de ser tomados en cuenta, de expresar sus nuevos puntos de vista y sentimientos, de experimentar nuevos roles y patrones de conducta; también de entender sobre pornografía, homosexualidad, anticoncepción, valores, soltería, divorcio, el futuro, los errores y además, despierta deseos de experimentar nuevas relaciones afectivas (Monroy, 2006).

Una imagen que podría representar muy bien al adolescente es una mano hacia atrás tomando, y al mismo tiempo soltando, a su familia, padres, profesores y todo aquello que fue parte de su infancia, mientras que su otra mano va hacia adelante en la búsqueda de un nuevo cuerpo, nuevas experiencias, relaciones y retos. Por un lado tiene que dejar todo aquello que hasta este momento ha sido su mundo entero (hay un duelo por su cuerpo, por los padres que tuvo durante su niñez, por los juegos, los amigos, las ventajas…) y por otro lado, hay una fuerte demanda de iniciar el camino de la independencia, dándole la bienvenida a unos nuevos padres (ahora son padres de un adolescente), a nuevas habilidades y funciones corporales, a nuevos retos afectivos y sociales.

Pero el adolescente siempre está en medio, no es adulto ni es niño, pero por momentos, los que lo rodean determinan si está en una posición de obedecer o de decidir. También hay una parte de él o de ella que a veces tiene ganas de estar en soledad, otra, todavía tiene ganas de ser arropado y protegido como en la infancia.

Dentro de las características típicas del adolescente que Monroy (2006) señala están:

- Pasa horas soñando y posee inestabilidad emocional marcada.

- Es imprudente y travieso y a veces tiene regresiones a los hábitos de la niñez.

- Es negativo y rebelde por momentos (predominantemente verbal), cooperador y de buen humor por otros.

- Requiere un abandono parcial de su relación afectiva con los padres para avanzar hacia la vida adulta, por eso busca defectos en ellos.

- Está en la búsqueda de su identidad sexual por lo que tiene vinculaciones platónicas y enamoramientos con maestros, entrenadores deportivos, etc. que podrían poner al adolescente en situación de riesgo, causarle daño o que puedan aprovecharse de él.

- El estado anímico y sus intereses fluctúan entre tener mucha energía, entusiasmo y curiosidad intelectual, y mostrar apatía, indiferencia y el dejarse llevar por la inercia; oscilan entre dolor y placer, euforia y melancolía, egoísmo y humildad, altruismo y envidia, sensibilidad exquisita e imperturbabilidad, bondad y crueldad, sapiencia y tontería, sumisión y rebeldía.

A medida que los adolescentes afrontan, asimilan e integran estos y los cambios que se dan en la pubertad, puede iniciar la atracción erótica hacia otras personas y ensayan su conducta amorosa mediante la fantasía. Las actividades que comparte con otros adolescentes del mismo sexo le confirman que la atracción y el deseo romántico es esperado y normal. El adolescente comienza a salir con grupos de amigos con intenciones románticas sexuales y al final de la adolescencia temprana se define de forma definitiva su heterosexualidad, homosexualidad, bisexualidad, asexualidad o pansexualidad, es decir, su orientación sexual o preferencia, que al inicio de esta etapa ya se visibilizaba. En cuanto a este tema de la diversidad, los adolescentes ya han internalizado los discursos sociales predominantes, y algunos han asimilado posturas homofóbicas y transfóbicas que tanto los medios, las instituciones o la misma familia transmiten, lo que hace que los adolescentes con una orientación distinta a la heterosexualidad les sea difícil "abrirlo" ante otros. A veces solo lo comparten con aquellos amigos a los que les tienen la confianza y a los que les brindan una aceptación incondicional.

Durante una conferencia en una secundaria tuvimos la oportunidad de escuchar a un adolescente que habló sobre su orientación sexual homosexual frente a todos sus compañeros de colegio; acto seguido, comentó que su mamá sería la última persona a la que se lo diría. Prefirió externarlo ante otros 90 estudiantes, que frente a alguien de su familia de origen. Esta es una de las muchas razones por las que los padres de familia requieren orientación y un trabajo personal para guiar a sus hijos amorosamente.

No es una tarea fácil romper con mitos, estereotipos e ideales asumidos como propios porque son resultado de nuestra educación y de nuestras tradiciones familiares. Sin embargo, hay ocasiones en las que al poner en una balanza, por un lado el amor a los hijos e hijas y por el otro, nuestros valores fundamentales, el que la balanza se incline por nuestros hijos debería de ser inevitable. Los papás y mamás requerimos hacer un esfuerzo, a veces titánico (a veces no tanto así) para cambiar nuestras actitudes y lograr un equilibrio entre nuestros valores y los cambios que el bienestar de nuestros adolescentes nos exige.

Uno de estos temas que no es fácil tratar entre padres y adolescentes es el de prácticas sexuales. Según Monroy

(2006), la madurez biológica y sexual surge pocos años después de iniciada la pubertad por lo que es imprescindible ofrecerle ciertas alternativas para canalizar el impulso sexual, (además de la abstinencia sexual) como son el autoerotismo o masturbación y caricias sexuales con otros, es decir, todo lo que se clasifica como sexo seguro (expresiones eróticas sin intercambio de fluidos corporales) y sexo protegido (contactos sexuales con métodos de barrera).

Para ello es necesario brindar educación de la sexualidad (teórica) y primordialmente guiar y acompañar a los adolescentes en la toma de decisiones; que sean las más adecudas y saludables para ellos, evaluando ventajas y desventajas de estas diferentes opciones.

Preguntas más frecuentes en esta etapa

Los adolescentes tienen ya una mayor capacidad para reflexionar y son capaces de cuestionar los discursos predominantes que a toda costa defienden los adultos. Esto muchas veces genera problemas de comunicación por el tipo de lenguaje y códigos que manejan ambas generaciones, sin embargo, es posible tender puentes de entendimiento a través de la escucha activa. Los siguientes son intercambios que recopilamos entre adolescentes y adultos.

ADOLESCENTE: ¿Cómo se da la sexualidad entre gays y lesbianas?

ADULTA(O): La sexualidad abarca tanto lo corporal como lo psicológico y los sentimientos; al igual que una pareja heterosexual o de hombre y mujer, las personas con orientación homosexual primero son amigas, luego pareja y se demuestran el cariño con besos y caricias en diferentes partes del cuerpo.

*Si la pregunta fuera aún más precisa, y el o la adolescente preguntara ¿cómo se dan las relaciones sexuales?, la respuesta sería: entre varones el pene se introduce en el ano, y entre mujeres pueden utilizar los dedos para introducirlos a la vagina o se acarician el cuerpo incluyendo sus órganos sexuales.

ADOLESCENTE: ¿Cuál es la edad promedio para tener sexo?

ADULTA(O): Estadísticamente, en promedio, los mexicanos varones y mujeres inician relaciones sexuales entre los 15 y 16 años. Sin embargo, hay quienes deciden esperar mucho más tiempo, por ejemplo hasta que son adultos, o hasta que conocen a alguien especial. De igual forma hay quienes tienen relaciones sexuales más pequeños porque no tuvieron información sobre sexualidad, por tener carencias afectivas, porque los presionaron sus amigos o pareja, porque no conocían las consecuencias, por curiosidad, o simplemente porque nadie les dijo que era mejor esperar si aún no se sentían preparados o no estaban seguros; pueden ser por una de estas razones o varias.

ADOLESCENTE: Me toquetean, ¿puedo quedar embarazada?

ADULTA(O): Las caricias, los besos y los abrazos no pueden hacer que una mujer quede embarazada. Para que haya un embarazo, el semen, que es el que contiene los espermatozoides, debe estar en la vulva, en la entrada de la vagina o dentro de la vagina. Por lo que es importante que durante las relaciones sexuales, si hay eyaculación, esta no se dé cerca de la vagina o, mejor, se utilice un condón para prevenir infecciones y embarazos no planeados.

ADOLESCENTE: ¿De qué manera se puede evitar embarazar a alguien?

ADULTA(O): Para evitar un embarazo se utilizan métodos anticonceptivos como el condón tanto masculino como femenino (sexo protegido), que también previene de infecciones de trasmisión sexual. Otros son los métodos hormonales como pastillas, inyecciones, parches o implantes, sin embargo estos no previenen de infecciones de trasmisión sexual, al igual que el coito interrumpido (eyacular fuera de la vulva o en la entrada de la vagina). Otra opción es la práctica del sexo seguro, es decir, el intercambio de besos y caricias sin penetración o contacto de órganos sexuales. Una tercera opción es la abstinencia, esto es, no tener relaciones coitales.

ADOLESCENTE: ¿Cuándo las personas lo hacen, el hombre mete los testículos también?

ADULTA(O): En la penetración, lo único que se introduce en la vagina es el pene, los testículos quedan fuera.

ADOLESCENTE: ¿Es posible quedar embarazada si lo haces en el agua?

ADULTA(O): No importa el lugar o la posición, si hay contacto de los genitales femeninos con el semen, o introducción del pene en la vagina, puede haber un embarazo.

ADOLESCENTE: ¿Qué es un orgasmo?

ADULTA(O): Las relaciones sexuales tienen varias etapas: el querer tener relaciones sexuales inicia con el deseo, continúa con la excitación, después sigue el orgasmo, que a nivel físico implica contracciones en la zona pélvica, lo cual genera mucho placer; algunos lo describen como una explosión interna, otros como sensaciones agradables en todo el cuerpo y otros llegan a sentir esas contracciones de una forma muy clara. Cada persona tiene una manera muy particular de experimentar el orgasmo.

ADOLESCENTE: ¿Cómo se usan las pastillas anticonceptivas?

ADULTA(O): Las pastillas anticonceptivas se toman durante 21 o 28 días según la presentación que se adquiera y lo que hacen la mayoría, es evitar que salga el óvulo del ovario, por lo tanto no se puede dar un embarazo.

ADOLESCENTE: ¿Duele tener sexo?

ADULTA(O): La primera vez que se tiene un coito, sí. La mujer tiene en la entrada de la vagina una telita llamada himen, esta tela se rompe al introducir el pene y puede haber dolor y sangrado, aunque cabe aclarar que hay mujeres que nacen sin himen. Esto solo sucede la primera o primeras veces que se tienen relaciones. No a todas las mujeres les duele la primera vez. Sin embargo, si se siguiera presentando el dolor durante las siguientes veces, hay que consultar a un ginecólogo.

ADOLESCENTE: ¿Puede cambiar el color o el sabor del semen?

ADULTA(O): El semen puede variar un poco en color o sabor dependiendo de la alimentación del varón, aunque sus componentes son básicamente los mismos.

ADOLESCENTE: ¿Cómo puedo estar seguro de que una mujer está dispuesta a tener relaciones sexuales conmigo?

ADULTA(O): Las relaciones sexuales son una práctica para los grandes, y para realizarla primero se requiere tener una relación personal de mucha confianza y comunicación, en la que se compartan varios intereses. Después se necesita llegar al acuerdo de querer tener una relación sexual. Posteriormente, es importante definir el lugar, el método anticonceptivo a utilizar y contemplar la posibilidad de que podría darse un embarazo o una infección de trasmisión sexual si el método fallara. Todo lo anterior, implica asumir la responsabilidad plena y las consecuencias de este acto.

ADOLESCENTE: ¿Cómo decir que no al sexo?

ADULTA(O): Tener relaciones coitales o sexuales es una decisión de dos personas en la que ambas deben estar de acuerdo. Si alguno de los dos no está seguro o no quiere, hay que respetar esa decisión y no obligar ni presionar para que se den. Forzar a alguien a tener relaciones sexuales es una forma de violencia, e incluso un delito. Si no estás seguro de que ambos desean tener relaciones es mejor hacer caso a la intuición y esperar otro momento, o bien, a que se dé con otra persona.

Adolescente: ¿Cómo saber si alguien es virgen? ¿Qué pasa cuando pierdes tu virginidad?

Adulta(o): La virginidad consiste en no haber tenido nunca relaciones eróticas y/o sexuales con alguien y que no haya habido coito. Aunque a algunas mujeres se les llegara a romper el himen por algún esfuerzo físico, o bien aunque hayan nacido sin himen, si no han tenido relaciones, son vírgenes. Lo importante que debemos saber es que el valor de una mujer no está en función de su virginidad, este es un prejuicio que fomenta el machismo y la violencia de género.

Adolescente: ¿Cuánto dura una relación sexual?

Adulta(o): No hay una duración definida para la relación sexual, puede ser desde 5 o 10 minutos, hasta una hora o más, depende de cada pareja. Una duración corta muchas veces no depende del gusto de la persona, sino de otros factores como el estrés o la ansiedad, que propician muchas veces disfunciones sexuales. Lo importante es que si están de acuerdo, hay una relación de confianza entre las dos personas, están en un lugar seguro y cuentan con los métodos anticonceptivos correctos, se disfrute la experiencia y sean momentos de felicidad y placer.

Adolescente: ¿Cómo es el proceso del aborto?

ADULTA(O): Hay diversos métodos para abortar. El natural sucede cuando el cuerpo interrumpe el embarazo por distintas circunstancias, incluyendo algún accidente como una caída. Hay otro llamado interrupción legal del embarazo (ILE) que es cuando la mujer decide ir a un lugar especializado para interrumpirlo; en este caso es atendida por un médico, que valora si es necesario usar métodos químicos, es decir recetar algo para interrumpir el embarazo, o bien un método físico que consiste en introducir instrumentos a la vagina para realizar un aspirado.

ADOLESCENTE: ¿Estar en tu periodo menstrual impide tener relaciones sexuales?

ADULTA(O): Durante la menstruación se pueden tener relaciones sexuales igual que en los otros días del ciclo de la mujer. Es importante usar siempre un método anticonceptivo, preferentemente el condón, para impedir también el riesgo de contraer una infección, ya que la sangre representa también un riesgo de contagio.

Dudas de mamá y papá sobre el desarrollo psicosexual de sus hijos

Los cuidadores también requieren de un espacio donde puedan aclarar sus dudas, muchas de ellas sobre temas sexuales y otras tantas sobre la manera de comunicarse con sus hijos. Ser responsable de un adolescente no es tarea fácil, hoy en día existen muchas exigencias que hacen que los cuidadores duden de sus capacidades, por lo que es importante darles las herramientas para afrontar y resolver las vicisitudes que se presenten, así como para reforzar su autoconfianza para desempeñar ese rol. A continuación compartimos una lista de inquietudes frecuentes que los papás y mamás nos han manifestado a lo largo de nuestro trabajo en la organización.

MAMÁ/PAPÁ: ¿Qué se debe hacer o cómo tienes que hablar con tu niño si por descuido dejaste la puerta de tu recámara abierta y él se dio cuenta que sus papás tienen relaciones sexuales?

ESPECIALISTA: Primero es importante saber qué vio el niño y cómo se siente, para ello se le puede preguntar "¿qué viste o qué escuchaste?", ya sea que tú te hayas dado cuenta de que tu hijo estaba ahí, o bien que te dijera que los vio o los escuchó. Después hay que aclarar que fue un descuido de ustedes dejar la puerta abierta porque las relaciones sexuales son un acto privado, de adultos, que se realiza en intimidad; puedes agregar tus propios valores acerca de este acto, por ejemplo, que se realiza en intimidad entre una pareja que se quiere, o que se realiza en intimidad entre esposos, o entre dos personas que están de acuerdo en tenerlas en ese momento. Si el niño te reporta que es algo que no se puede sacar de la cabeza o notas que le afecta, es importante acudir con un especialista para que lo ayude.

MAMÁ/PAPÁ: ¿Tengo que estar preguntándoles a mis hijos si tienen alguna inquietud sobre el tema sexual o esperar a que ellos me pregunten o dialogar con ellos en forma general sobre el tema de prevención de abuso?

ESPECIALISTA: No es necesario "estar preguntándoles", lo importante es que ellos sepan que pueden acudir a ti cuando tengan dudas, que estás abierto a escucharlas para ayudar a contestarlas. En ocasiones suelen presentarse situaciones que sirven para propiciar un diálogo, por ejemplo, una escena en una película, alguna experiencia cercana de amigos o familiares, alguna conversación que escuchen en vivo o en la radio. Puedes partir de ahí para abrir el diálogo sin forzarlo, escuchar qué opinan y dar también tu punto de vista.

MAMÁ/PAPÁ: ¿Cómo debo abordar el tema con dos adolescentes de 13 y 14 años de edad a quienes a veces les da pena hablar de sexualidad?

ESPECIALISTA: El que les dé pena hablar de sexualidad es normal, es parte de su crecimiento hacia la independencia. Tu actitud hacia el tema puede facilitar o entorpecer el que acudan a ti si tienen dudas y el que sientan o no confianza de hablar contigo sobre él. Los tópicos básicos como la prevención tanto de embarazo como de infecciones de trasmisión sexual, es fundamental que los hables con ellos. Ya sea que lo abordes a través de un material adecuado para tratarlos o que partas de alguna situación que conozcan los tres; incluso pueden acudir a alguna plática o taller juntos y que de ahí se derive la comunicación sobre el tema. Ensayar con algún familiar de confianza lo que quieres decirles puede ayudarte a sentir autoconfianza y a fluir en ese momento. También puedes usar frases como: "sé que es un tema que da pena, a mí también me daba pena tratarlo con mis papás o profesores, sin embargo es algo natural y es importante que hablemos de ello" o "entiendo que les dé pena porque tiene que ver con nuestra intimidad pero como su mamá (o papá) quiero que sepan que estoy abierto a apoyarlos con información o consejos, si lo necesitan. Quiero que platiquemos de algunos métodos que pueden protegerlos de embarazos no planeados e infecciones de trasmisión sexual".

Mamá/papá: ¿Cómo hacer que mi hijo tenga más comunicación conmigo?

Especialista: La comunicación entre padres e hijos es un proceso que se va dando, dependiendo de cuánto tiempo invirtamos en una vinculación verdadera, poniéndoles atención, interesándonos en sus cosas y escuchándolos activamente, sin hacer juicios de sus amigos, ni de situaciones que para ellos sean sumamente importantes, aunque para nosotros no. Propiciar espacios de diversión y esparcimiento —sin sermones, ni regaños— generará mayor confianza para que en cualquier momento se puedan abordar otros temas.

Mamá/papá: ¿Cómo reforzar mis conocimientos sobre el tema de sexualidad para hablar con mi hijo?

Especialista: Lo más importante en la educación de la sexualidad es la relación que establezcas con ellos, es fundamental que tú seas su persona de confianza, no necesitas ser un experto en la materia para lograrlo. De cualquier manera hay mucho material en librerías especializadas para que te documentes en diversos temas. En la web puedes consultar páginas científicas —como las de los institutos y asociaciones de sexualidad de México y de otros países—. No olvides que lo más importante es la relación de confianza que generes con tus hijos e hijas.

MAMÁ/PAPÁ: ¿Cómo manejar los problemas en temas de sexualidad abiertamente con mi hijo o hija?

ESPECIALISTA: Depende del tipo de "problemas" a los que te refieras: por un lado están las situaciones propias del desarrollo, por ejemplo, ¿cómo desechar una toalla femenina?, ¿cómo dar un primer beso?, ¿qué límites desean poner con un novio? Sin embargo, hay otro tipo de situaciones que sí se consideran problemáticas, por ejemplo, tener conductas de riesgo como no cuidarse al tener relaciones con uno o distintos compañeros sexuales, tener dificultades para relacionarse afectivamente con el otro género, o bien, no saber manejar la presión de otros para realizar conductas sexuales que no se desean. Lo más recomendable es que cuando tu hijo o hija te platiquen sobre alguna situación personal o de algún amigo, pongas mucha atención sin juzgar y permitas que ellos den su opinión para luego dar la tuya. Estos son momentos en los que puedes conocer qué piensan sobre determinado tema, qué conceptos manejan y qué valores los guían en su actuar.

MAMÁ/PAPÁ: ¿Cómo debo responderle a mi hijo cuando me pregunte a qué edad lo voy a dejar tener novia? ¿Cómo hacerle entender que el noviazgo llegará en su momento, que no es una urgencia o un requisito para ser aceptado?

ESPECIALISTA: Antes de contestar mencionando una edad precisa, explora qué significa un noviazgo, cómo se lo imagina y sobre todo qué implica para él o ella. No es lo mismo un noviazgo en preescolar, primaria, secundaria, preparatoria o universidad, que entre adultos. Platica sobre los derechos, obligaciones, ventajas y desventajas de tener un novio o novia en la etapa de la vida en la que está. Si consideras que la respuesta que te da está acorde con su edad, puedes preguntarle si hay algún candidato o candidata para tal fin; esto para generar una situación de confianza entre los dos, y así poder manejar mejor la situación al tener información de lo que está viviendo. Toma en cuenta que la prohibición genera el efecto contrario al deseado. Así que con los chicos y chicas de secundaria hay que consensuar la mayoría de las reglas, siempre y cuando los acuerdos establecidos los protejan. Es importante considerar que el noviazgo es una experiencia muy importante (en la adolescencia) que desarrolla en tu hijo o hija habilidades sociales como la negociación y la comunicación asertiva, para poder establecer relaciones sanas a lo largo de su vida. Si no le das permiso de todos modos lo hará a escondidas; es mejor que tú sepas con quien se relaciona y que observes de cerca cómo es el trato entre la pareja para evitar que se involucre en relaciones violentas y que, en dado caso, puedas intervenir de ser necesario.

MAMÁ/PAPÁ: ¿Cuánto puede dañar la pornografía a los niños y jóvenes?

ESPECIALISTA: Depende de muchos factores como el tipo de pornografía, la frecuencia con la que se mira y las características personales de quien la ve. Hoy día la web presenta una ilimitada variedad que va desde la pornografía softcore (suave o convencional) donde las escenas de sexo no se muestran explícitamente, y no hay penetraciones, pasando por la pornografía hardcore (o explícita) donde se muestran los órganos sexuales y de manera clara el acto sexual, ya sea vaginal, oral o anal. En esta última, en ocasiones también se incluyen relaciones entre dos o más personas o se hace uso de juguetes sexuales. Otro tipo de pornografía es con violencia directa donde se actúan escenas con golpes, patadas, cachetadas, hasta violaciones o abusos sexuales. Otra más es la pornografía con parafilias donde se realizan actos poco comunes como orinarse uno al otro, o la práctica del *fisting* que es la introducción del puño en el ano o vagina. También está la pornografía ilegal que incluye el abuso sexual infantil, la violación, tortura, mutilación o necrofilia, donde los protagonistas ya no son actores, sino personas reales que son obligadas (gran parte de ellas), tras amenaza, a realizar este tipo de prácticas. (Laguarda, Laguarda y Novelo, 2015).

MAMÁ/PAPÁ: ¿Qué hacer si encuentro a mi hijo viendo pornografía?

ESPECIALISTA: Los primeros diez minutos no son los más adecuados para tratar de solucionar o dialogar, pues el estado de shock hará que compliques más las la situación al gritar, golpear, borrar todo historial de la computadora o romper los dispositivos de tu hijo. Lo que se debe hacer es respirar profundo, de forma clara y firme pedirle que apague la computadora y que se retire,comentarle que después hablarán del tema. Es preciso revisar lo que vio tu hijo, checando el historial, para cerciorarte del tipo de material que observó. Posteriormente tienes que explicarle las conductas sexuales del contenido pornográfico, enfocando la charla en los valores universales y familiares y en la equidad de género y prevención de la violencia de género. Si existe otro cuidador como la pareja o algún otro familiar que también se hace cargo del menor, se recomienda primero hablarlo entre ustedes para analizar el tipo de pornografía a la que accedió el pequeño, por ejemplo, si hubo sexo explícito, violencia o si contactó algún extraño. Una vez revisados los criterios anteriores es momento para dialogarlo con el niño.

La manera de abordar el tema es buscar un espacio privado donde todos se sientan cómodos, en el que no haya interrupciones. Es importante hacer preguntas de reflexión, más que adelantarnos en describir lo que vimos en el material pornográfico que el chico estaba mirando. No es conveniente "adelantarnos" porque podríamos caer en el error de hacerle ver algo que a lo mejor ni siquiera a él le había hecho sentido. Algunas preguntas o frases que sugieren Laguarda, Laguarda y Novelo (2015) son las siguientes: "me he dado cuenta que viste pornografía, platícame", "¿cómo la encontraste?", "¿qué te hizo buscarla?", así podemos explorar cuál es la necesidad de tu hijo o hija; si es de información, de estimulación, o de pertenecer a cierto grupo de amigos; "¿es la primera vez que la veías?, de no ser la primera vez, ¿la viste con alguien más?", "de todo lo que viste, ¿tienes alguna pregunta o hay algo que te inquiete?", "¿qué piensas de lo que viste?" (2015, p. 98-99). Las autoras sugieren no preguntarle cómo se sintió, pues en lugar de seguir fomentando el diálogo, este cuestionamiento puede inhibirlo porque tendría que hablar de temas incómodos como el haber sentido vergüenza, asco o culpa. La empatía y la calidez son dos elementos clave para hacer de esta una situación educativa, fomentando valores universales y valores relativos que sean importantes para la familia en el tema de la sexualidad. La charla tiene que ser breve y evita hablar de tu vida sexual o de tu experiencia con la pornografía, eso lo volvería un momento aún más incómodo.

En el caso de los niños pequeños, es recomendable aclararles que es un material de adultos y hasta que sean grandes podrán decidir si lo ven o no. Y en el caso de los adolescentes, regular la frecuencia con la que acceden a él y poner reglas claras al respecto, por ejemplo: no mostrarlo a menores de edad, no intentar recrearlo con menores de edad, no verlo en las áreas comunes de la casa y otras que se consideren importantes, de acuerdo a los valores de tu familia.

MAMÁ/PAPÁ: Deseo saber si un niño o niña entre 6 y 9 años de edad ya ha definido su preferencia sexual, es decir, si le gustan los niños o las niñas.

ESPECIALISTA: La orientación o preferencia sexo-genérica es algo que se descubre en la pubertad-adolescencia, por lo que hasta ese momento él o ella son los indicados para decirte quién les atrae. Es importante saber que abordar el tema de la homosexualidad no significa dar ideas, ya que esto no se contagia, ni es una moda. Se recomienda que desde pequeños les hables del respeto a la diversidad, no solo a la sexual, sino de todos los ámbitos.

MAMÁ/PAPÁ: ¿Qué decirle a mi hija cuando tiene su primer periodo?

ESPECIALISTA: Se recomienda que el tema se trate antes de que se dé la primera menstruación, prepararla para el proceso y para saber cómo debe enfrentarlo. Esto hará que su primera menstruación no sea algo de impacto sino algo esperado. En el momento en que tenga su menarca y acuda a ti, puedes indagar cómo se siente y si tiene alguna duda. Algunos padres felicitan a su hija por estar saludable y pasar a otra etapa de su vida; otros le hacen un regalo especial como flores o algún detalle que les recuerde con agrado ese momento.

MAMÁ/PAPÁ: ¿Cómo le explico a mi hijo que a su edad ya puede ser papá si no es responsable de su sexualidad?, ¿a qué edad es recomendable darle un condón a tu hijo?

ESPECIALISTA: Uno de los temas fundamentales al hablar de sexualidad es el de la responsabilidad y las consecuencias. En cuanto se converse con ellos sobre relaciones sexuales y coito es importante también dialogar sobre la responsabilidad, las posibles consecuencias negativas que traen consigo y la forma de evitarlas. Más que darle condones, puedes decirle a tu hijo que están en tal lugar de la casa, y que puede tomarlos si quiere usarlos, ya que traerlos en la cartera, en el auto o en la mochila puede disminuir su efectividad; o en todo caso, pedirle que vaya a comprarlos como un ejercicio de entrenamiento para que sepa que puede y debe hacerlo cuando los necesite.

MAMÁ/PAPÁ: ¿Qué reacción debe tener uno como padre si encuentras a tu hijo o hija masturbándose?

ESPECIALISTA: Al hablar de sexualidad, uno de los temas importantes que hay que tratar es el de la privacidad y la intimidad, por lo tanto, los chicos y chicas deben tener claro que al masturbarse o tener relaciones sexuales deben hacerlo en un lugar privado, como su recámara o el baño, y con la puerta cerrada. Si tú interrumpes esa privacidad al entrar sin tocar, pide disculpas y retírate, pero si está en un un área común de la casa debes decirle que tiene que hacerlo en privado.

MAMÁ/PAPÁ: ¿Cómo explicar similitudes y diferencias entre un noviazgo y ser "amigos con derecho" así como los riesgos que corren?

ESPECIALISTA: La diferencia básica es que en un noviazgo el compromiso es exclusivo con una persona especial con quien puedes intercambiar besos, caricias y relaciones sexuales, aunque estas últimas no son indispensables, y en la que se espera que los sentimientos afectivos por un novio o novia sean profundos. Los amigos con derecho, independientemente del nivel de profundidad de los sentimientos que se experimenten, llegan al acuerdo de tener intimidad afectiva y/o erótica de forma no exclusiva, es decir, pueden estar o convivir con otras personas de esta misma forma, sin que esto cause algún problema en la relación. Acuerdan compartir tiempo juntos, más no hay una obligación de frecuencia o periodicidad. El riesgo que se corre en ambos tipos de relación es que los convenios no estén bien claros o aunque estén, estos se rompan y generen malentendidos, heridas emocionales o hasta violencia. Para evitar que esto pase, es importante escuchar al otro, decir lo que uno quiere sin que nuestras decisiones sean influenciadas por las modas o tendencias, más bien decidir lo que nos ajuste para ser felices. En cuanto a las consecuencias fisiológicas, definitivamente en el modelo de relación de amigos con derechos, existe un mayor riesgo de contraer infecciones de transmisión sexual, si no se usa la protección adecuada; en el noviazgo exclusivo también hay este riesgo si no se cumple el acuerdo de fidelidad si no se usa protección.

MAMÁ/PAPÁ: ¿Qué le digo a mi hija acerca de no subir fotos privadas a la red?

ESPECIALISTA: El *sexting* consiste en mandar mensajes o imágenes con contenido erótico a otra persona, la mayoría de las veces creadas por quien las envía. También existe un término relativamente nuevo llamado *pack*, que se trata de un paquete de archivos digitales —fotos y videos— de una persona que se muestra posando con poca ropa o desnuda. Es importante tomar en cuenta que al enviar una imagen desde cualquier dispositivo se pierde el control sobre ese material y puede ser distribuido sin nuestro consentimiento e inclusive puede hacerse un uso indebido de este. Tener y enviar imágenes de menores desnudos son delitos (posesión y distribución de pornografía infantil) por lo que no se debe generar, enviar o reenviar imágenes y mensajes con contenido erótico ya que quien lo haga puede tener problemas legales muy serios. Por ello es necesario que los padres de familia estén alertas ante el comportamiento de sus hijos, tanto en las redes sociales como en la vida cotidiana. Educar es una tarea constante de todos los días: el respeto, la comunicación, la responsabilidad, se fomentan a cada momento en las situaciones que enfrentamos con nuestros hijos, y el buen manejo de los medios de comunicación virtuales y de las redes sociales también es parte de su formación.

CAPÍTULO 4

LA RELACIÓN Y COMUNICACIÓN COMO BASE DE LA EDUCACIÓN DE LA SEXUALIDAD

"Lo más importante en la comunicación es escuchar lo que no se dice"
Peter Drucker

La educación de la sexualidad no solo se basa en la información que brindamos a los pequeños: sus ingredientes principales son los aspectos psicoafectivos y emocionales de la relación y la comunicación que se establece cuando se interactúa con ellos. Al tratar estos temas es obligada la construcción, en el día a día, de una relación de confianza que facilite la exposición de dudas, así como el tener la apertura para dar información de una manera veraz y amorosa, tanto en casa como en la escuela.

Fomentando una comunicación efectiva desde casa

Se requieren dos ingredientes indispensables al preparar el terreno que facilite la germinación de nuevas actitudes ante la sexualidad: la relación y comunicación entre padres e hijos —ese conjunto de palabras, tonos, lenguaje no verbal y contexto que constantemente está emitiendo mensajes a través de las interacciones—.

Entendiendo que toda conducta es comunicación, de acuerdo a Watzlawick, Beavin y Jackson, (2008) esta tiene 5 axiomas:

Primero. Es imposible no comunicar. No tenemos la opción de comunicarnos o no.

Todo lo que digamos o hagamos se trasmite como un tipo de mensaje. Incluso si hacemos "nada" eso ya es un mensaje. Todo comportamiento es una forma de comunicación, y como jamás nos dejamos de comportar, jamás nos dejamos de comunicar por lo que las expresiones como "ausencia de comunicación" o "no hay comunicación" son prácticamente impensables.

Si cuando un pequeño de cinco años pregunta ¿cómo es que se hacen los bebés? tú te quedas callado, le estás dando un mensaje, que lo quieras o no, está influyendo en el niño, tal vez interpretado como que es un tema del cual no debe hablar abiertamente. Pero la curiosidad no queda suprimida, ya que es una condición tan natural del ser humano, que en el caso de los pequeños, se vuelve aún más fuerte. Si ya se hizo la pregunta de cómo se hacen los bebés, lo más probable es que busque en distintas fuentes la respuesta.

Segundo. Toda comunicación tiene un nivel de contenido y de relación.

En toda comunicación existe un mensaje que depende del tipo de relación en el que se esté transmitiendo. Por ejemplo: existe el mito de que los padres son los que deberían hablar de sexualidad con sus hijos varones y las madres con sus hijas, si en una familia que cree esta premisa, cuando la hija le comente a su padre que ya tuvo su menarca (primera menstruación), no sabrá que hacer y su reacción será muy atropellada e irá acompañada de ideas sexistas como "yo no sé de eso, platícalo con tu madre", o en todo caso, pedirá la ayuda de su pareja para que intervenga en la situación. Pero si su hijo le dice que ya tiene novia, que tuvo su primer beso o que mantuvo relaciones sexuales por primera vez, la reacción será de sorpresa y júbilo, con un manejo ecuánime de la situación. En ambos casos, el padre con su reacción estará reforzando esa creencia de que hay cosas que los hombres deben hacer a diferencia de las mujeres.

Tercero. La comunicación se define por la puntuación o significados particulares que es preciso aclarar en cada intercambio.

La mamá de una adolescente de secundaria, tratando de generar confianza entre ella y su hija, le pregunta si ha tenido orgasmos con su novio, la joven le dice que no le pregunte esas cosas, y la mamá sigue insistiendo en su intención de forjar una "buena" relación con la chica. En este ejemplo la mamá "puntúa" (interpreta) la pregunta positivamente, como una forma de establecer una relación "abierta" con su hija, y la hija la "puntúa" (interpreta) negativamente, como una invasión a su privacidad, generándose así el efecto contrario al buscado por la mamá, debido a la diferencia en la puntuación de cada una; este es un proceso cíclico de intercambio constante.

Cuarto. Los elementos digitales son elementos con significados universalmente entendidos como la escritura o el lenguaje verbal y los elementos analógicos son representativos o referenciales como los ademanes, las entonaciones, el uso de metáforas o analogías.

Por ejemplo, si el niño pregunta: ¿qué es un condón? y le responden: ¿por qué preguntas eso? con un rostro serio y un tono áspero, se envía un mensaje desaprobatorio; en cambio si se utiliza un tono amable y cordial, el mensaje que se otorga es de aceptación. Los elementos analógicos se reflejan en cómo se dice, no lo que se dice.

Quinto. Cada "transacción" de comunicación puede ser simétrica o complementaria.

En el caso de los juegos sexuales entre dos niños de la misma edad o desarrollo psicosexual, podemos ver que la comunicación es simétrica porque los participantes tienen la misma "jerarquía", implícita o explícitamente. En el caso de un abuso sexual o juego abusivo, lo que se da es una comunicación complementaria ya que un participante tiene más poder que el otro por lo que lo obliga, por medio de la fuerza o de la manipulación, a hacer algo que no desea.

Como lo sugieren los axiomas que acabamos de revisar, por una parte, cuando se habla de sexualidad con los pequeños, les estamos enviando un *mensaje relacional* muy poderoso: "si podemos hablar de este tema, podemos hablar de cualquier otro". Y cualquier otro puede ser drogas, amistades, noviazgos, problemas escolares, etc. Por otra parte, les estamos ofreciendo, de manera paulatina, las diferentes herramientas para que conozcan su cuerpo, lo disfruten y prevengan el abuso sexual.

Hay padres de familia que justifican el no tratar estos temas con sus hijos, diciendo que hasta ahora no han preguntado, y por lo tanto, no hay necesidad de hablarles sobre ellos: "¿para qué le despierto la curiosidad de algo que no le interesa?". Aunque puede ser cierto en algunos casos, en la mayoría es un síntoma de que no existe una comunicación abierta en el núcleo familiar y los chicos tienen miedo de que sus preguntas deriven en una descalificación o castigo por parte de la autoridad. Al respecto, Monroy propone que:

> "…si a partir de los 6 años el niño o la niña no ha hecho ninguna pregunta relativa al sexo[3], normalmente formuladas en edades más tempranas, sugiero buscar el momento apropiado para iniciar la conversación acerca de cómo nace el bebé, la importancia y responsabilidad de traer un hijo al mundo; es necesario decirle que cualquiera de los sexos (géneros) de los hijos nos hace sentir orgullosos (lo

---

3   Nosotros preferimos llamarle sexualidad, en un sentido más amplio donde se incluyen no solo lo biológico, sino también lo emocional, mental, relacional y espiritual no en un sentido religioso sino de trascendencia.

cual los hará sentirse aceptados, deseados y queridos); que merecen lo mejor de sus padres y quienes los rodean para que puedan crecer sanos y felices; asimismo, debe hacerle saber lo maravilloso que es el cuerpo humano, incluidos el aparato sexual y reproductor[4]. A la vez, debemos indicarles que todas las partes y funciones de nuestro cuerpo son buenas, necesarias y todas merecen cuidado y respeto; que no tenemos un cuerpo, sino que somos un cuerpo; que nos asiste el derecho a decir no nos lo toquen si no queremos y debemos comentar a nuestros padres cuando alguien nos hace algo que nos molesta." (2005, p. 3).

Muchos padres o madres de familia que no han hablado de sexualidad con sus hijos, consideran que la adolescencia es un buen tiempo para hacerlo. Y aunque nunca es demasiado tarde, van a requerir el doble del trabajo si hubieran iniciado el acercamiento al tema desde que estaban pequeños. Además, si crecemos aprendiendo de sexualidad y aprendemos a ver el propio cuerpo y el de otros con respeto y naturalidad, no habrá necesidad de obtener información de fuentes o personas poco confiables.

En el otro extremo están aquellos cuidadores que tienen una actitud de "mente abierta" y que proporcionan información de más que no está acorde con el desarrollo psicosexual del niño o niña. No saben que dejan al pequeño sobrecargado de datos que no puede asimilar —lo que podría generarle ansiedad—, cuando lo que necesita es que le pongan límites, y que le dosifiquen la información de acuerdo a su edad.

---

4   Nosotros preferimos llamarles órganos sexuales ya que no sólo tienen una función reproductiva, sino también de placer y afectividad.

Nada es más perjudicial que el mal manejo de la información sobre sexualidad, pues pone a los niños y niñas en situaciones de riesgo; no solo por la vulnerabilidad que representa andar por la vida con demasiada o sin información (en una época en donde hay tantos medios de comunicación, con datos y opiniones infinitas), sino también por los peligros de quedar indefenso ante un abuso sexual, al no poder distinguir las señales que se les presentan, ni hablarlo con sus cuidadores, por no tener una relación que se los permita.

Durante estos últimos años, en el trabajo terapéutico hemos aprendido, y también hemos construido, herramientas prácticas para resolver situaciones de índole sexual con niños y adolescentes. Pero nada de esto funcionaría si no promovemos la construcción de una buena relación y comunicación entre hijos y padres. ¿A qué nos referimos?, pongamos un ejemplo: si un adulto descubre que su hijo se está tocando los órganos sexuales acompañado de otro niño, es importante que se comunique relajada y serenamente, para aprovechar esta situación y explicarle lo siguiente: "todo nuestro cuerpo es privado y hay partes íntimas que requieren más cuidado e higiene como lo son nuestros órganos sexuales y todos los hoyitos de nuestro cuerpo". Si se maneja adecuadamente, este tipo de situaciones son oportunidades para educar en sexualidad, relacionarse y comunicarse adecuadamente con los niños y niñas.

Nos podrían argumentar "es que dependiendo de la edad será mi reacción". Es verdad, no es lo mismo encontrar a dos niños de tres años realizando este tipo de juegos sexuales, que encontrar juntos a un niño de preescolar y un adolescente, porque de entrada eso ya no se llama juego sexual, sino juego abusivo (en caso de que sean pares) o abuso sexual (en caso de que haya una diferencia cronológico y psicosexual de cinco años). Sin embargo, en ambos casos, si la primera reacción ante la situación es gritar, amenazar o golpear, esto puede tener un impacto muy fuerte para los involucrados, aún más que el mismo juego o abuso, y afectar tanto la relación entre ellos y sus padres, como su percepción sobre la sexualidad.

Muchas veces el trabajo en terapia va enfocado a sanar el impacto de esa primera escena al ser descubierto y a cambiar el significado que se le dio al episodio a partir de esa reacción desbordada, que a tratar el hecho por el que originalmente solicitaron el servicio. Y no solo eso, sino también, en muchas ocasiones, posterior a lo sucedido, la familia asume actitudes o realiza conductas que más que ayudar a resolver el problema, terminan empeorándolo. Van desde culpar al pequeño, victimizarlo y sobreprotegerlo, hasta castigarlo y chantajearlo, creando un círculo vicioso que solo empeora más y más la situación.

Si generalmente con cualquier otra temática los intentos de solución a los problemas que se presentan, en muchas ocasiones, se vuelven parte del conflicto, son el problema en sí o lo empeoran[5], en sexualidad parece que se despliega

---

5   Solución intentada es un constructo teórico propuesto por la Escuela de Palo Alto, que marca un parteaguas en la historia de la psicoterapia, ya que las soluciones intentadas que se ponen en práctica para resolver un problema, en muchas ocasiones forman parte del problema alimentándolo, haciendo que en lugar de resolverlo se complejice más. (Watzlawick, Weakland, y Fisch, 2010)

una cortina de humo que dificulta ver con claridad lo que realmente está ocurriendo. Lo que aprendimos sobre sexualidad, a veces nos genera culpa y vergüenza, lo que hace que como cuidadores veamos las situaciones cotidianas complicadas de resolver, lo que nos genera sensaciones de frustración e impotencia.

Relaciones y modelos de familia: su influencia en los aprendizajes sobre sexualidad

Si estamos en medio de la tormenta, la verdad es que es casi imposible ver más allá, y en muchas ocasiones necesitamos un observador externo que nos ayude a descubrir otra perspectiva del problema en el que estamos inmersos, o en todo caso, desde otra mirada buscar soluciones creativas que nos lleven a resultados distintos; tal como decía Einstein, "Una locura es hacer la misma cosa una y otra vez, esperando obtener resultados diferentes. Si buscas resultados distintos, no hagas siempre lo mismo." En la educación de la sexualidad seguir haciendo lo mismo sería seguir enfocándose solo en la información que se da, en lugar de darle también un peso importante a la relación que se genera. La combinación de estos dos elementos es la clave para formar a niños y adolescentes que cuiden su salud sexual e inclusive que vivan una sexualidad placentera y responsable.

La relación es el vínculo que se establece con otra persona, es la forma en que interactuamos diariamente y que va creando lazos afectivos, a veces dañinos y a veces sanos. Para que estos lazos afectivos sean beneficiosos para ambas partes, se deben construir tomando en cuenta las emociones, predilecciones, deseos, sueños, ambiciones, valores, opiniones y pasiones del otro. En caso de que se atropellen los derechos humanos de una de las partes, a través del uso y abuso del poder, los vínculos dejan de ser sanos para pasar a ser tóxicos.

Por ejemplo, un profesor que además de cumplir su labor para la que fue contratado, se interesa genuinamente en aspectos personales o emocionales de sus alumnos, crea un lazo afectivo mucho más estrecho que aquel que solo se limita a transmitir el conocimiento o a generar procesos de enseñanza aprendizaje. Aunque en el primer caso el profesor adquiere una autoridad moral que le permitirá influir en la actitud de sus alumnos, en ambas situaciones existe una relación cuyos efectos son distintos.

Otro ejemplo: un padre o una madre al poner reglas, darles seguimiento (límites) y crear lazos afectivos de confianza a través de la convivencia amorosa (vínculos), logra establecer una relación que le facilita, a la hora de comunicarse con sus hijos, transmitir un mensaje que vaya encaminado a la adquisición de herramientas de autocuidado.

La construcción de una relación implica inversión de tiempo y energía, por lo que muchos adultos renuncian a hacerlo porque consideran que se trata de un gasto de esfuerzo innecesario que se puede compensar con dádivas materiales o con reglas bien estrictas para que los hijos no traspasen la línea de seguridad con sus acciones.

No dudamos que ambas cosas sean importantes: prodigar las necesidades básicas es una obligación según los derechos de los niños y niñas; lo mismo que las reglas son necesarias, incluso indispensables, para salvaguardar la integridad física y emocional de los pequeños y adolescentes. Pero la creación de relaciones vinculares es el ingrediente que transforma cualquier situación mecánica y fría, en una cálida, amable y afectiva, con un toque más humano y profundo. Es como la decoración de una casa, que por más que sea hermosa y grande, si carece de cuadros, cortinas o persianas bonitas, se sentirá fría y sin corazón, aunque desde luego la estructura cumpla con su función básica: salvaguardar de la intemperie.

Es importante que exista un equilibrio: si hay demasiados límites y pocos vínculos la relación se torna rígida, si por el contrario hay exceso de vínculo y pocos límites se genera irresponsabilidad en los hijos. Una relación sin límites, ni vínculos conlleva una relación caótica con ellos mismos y con su entorno.

Ahora bien, es verdad que hay personas que se les da con una gran facilidad la creación de vínculos con otros, incluyendo a su familia; esto tal vez porque lo aprendieron de sus cuidadores, o porque tienen una predisposición biológica —el temperamento— que les permite hacerlo. En cambio otras, o no lo aprendieron en casa o su temperamento no da para tener esa actitud, o en el peor de los casos, ambos factores se conjuntaron. Pero cabe recordar que la biología y la historia personal nos influyen, mas no nos determina; como diría el filósofo francés Sartre "El hombre está condenado a ser libre, porque una vez que está en el mundo, es responsable de todo lo que hace." Es decir, a relacionarse se aprende y se tiene que hacer un esfuerzo por desarrollar esa capacidad y ponerla en práctica también con nuestros hijos.

Casi todos agradecemos cuando alguien nos pregunta sobre nuestra vida con genuino interés, y aún más, cuando ese alguien, tiempo después, recuerda los detalles que le compartimos y nos lo hace saber a través de una pregunta o un comentario. Pero también debemos diferenciar la forma en la que debemos interactuar de acuerdo al tipo de personas con las que nos relacionamos. Por ejemplo, si alguien es muy racional, por lo menos de entrada sería contraproducente querer establecer una relación demasiado afectiva, pues lo inhibiría y hasta podríamos provocar cierta aversión de esa persona a nuestra manera de relacionarnos.

Al respecto, las preguntas que nos debemos plantear como padres son: ¿cómo es la relación que estoy estableciendo con mis hijos? ¿Es cercana, distante, intermitente, profunda, o superficial? Es básica y comparto solo lo necesario? Y si tienes más de un hijo, vale la pena preguntarte sobre las distintas formas en las que te relacionas con cada uno, de acuerdo con su carácter o forma de ser. Si bien es cierto que cada persona es única e irrepetible, e inevitablemente la relación cambia de persona a persona, debemos estar atentos para no crear relaciones hostiles que lleven al desgaste y desconexión con alguno de nuestros hijos.

Esforzarte en construir una relación equilibrada con tu hijo te dará información sobre lo que piensa y siente acerca de lo que le pasa, incluyendo los aspectos sexuales. Podrás conocer su punto de vista y tendrás ocasión de darte cuenta si hay algún riesgo que está viviendo. Aunado a lo anterior, si bien es cierto que te agradecerán en un futuro tus cuidados, los vínculos afectivos serán las huellas que queden en sus recuerdos más profundos y felices porque la verdadera felicidad está en crear momentos amorosamente significativos.

Por otra parte, es necesario hacer una distinción entre construir una relación nutritiva y sana con los hijos e hijas y querer ser su amigo, tratando de mantener una relación de igual a igual. Hay una jerarquía familiar innegable, y si bien se puede fomentar un vínculo importante, amoroso y de calidad, con los niños y niñas, no se puede dar como si fueran pares, porque entonces no contarían con un padre o madre que deje huella en su educación y sus emociones, desde la infancia y para toda la vida, sino solo con un amigo más. Como adultos responsables no podemos ser amigos de nuestros hijos, pero sí podemos ser padres amigables.

Si la relación entre padres e hijos no es tan buena como se quisiera, la buena noticia es que nunca es tarde para recomponer el camino; se pueden implementar varias estrategias para reconstruir el vínculo, pero siempre con la siguiente premisa en mente: en el momento en el que la relación adquiere un sentido profundo, facilita la comunicación, y a su vez, la comunicación ayuda a que el vínculo se fortalezca.

A este respecto, sabemos que la comunicación es un concepto que resulta nada fácil poder definir. El hecho de que a diario escuchemos en todos lados, una y otra vez la palabra en frases como: "debemos mejorar la comunicación", "comunícate con tu pareja e hijos", "el problema de todo es la falta de comunicación", etc., no lo hace más sencillo. En todo caso lo reducimos a "hablar con el otro de lo que nos ocurre". Pero esto no es solo lo que hacemos cuando nos comunicamos, también mandamos mensajes en los cuales mezclamos mitos, creencias erróneas y traumas personales. En el tema de la sexualidad, si estos no se miran, se cuestionan y se tratan, es muy probable que se los transmitamos a nuestros hijos, ya que ellos no tienen capacidad para distinguir lo que es cierto de lo que no lo es. Debido a la autoridad que tienen los adultos sobre los niños cuando estos aún son pequeños, la influencia de los mensajes que les mandamos es determinante en su desarrollo.

Ningún padre mentalmente sano querría regalar a sus hijos sustancia tóxicas, venenos que hacen daño o que matan, entonces ¿por qué les querríamos transmitir todos nuestros miedos no resueltos sobre la sexualidad?, ¿por qué no hacemos un ejercicio consciente e iniciamos nosotros mismos como adultos la travesía hacía la observación de nuestras sombras y fantasmas y los enfrentamos de una vez y para siempre? De esta manera les podremos dar a nuestros hijos regalos que verdaderamente sean de utilidad: herramientas para resolver problemas y mensajes más saludables que no estén plagados de miedos irracionales, mensajes llenos de amor, responsabilidad y optimismo como estos:

"Nuestra sexualidad es una manera de comunicar afecto y cariño por los demás". "El inicio de tu vida sexual es algo que te corresponde a ti decidir"

"Confiamos en que tendrás el mejor criterio para decidir cuándo y con quién tendrás tu primera relación sexual"

"Nunca te sientas obligado a tener relaciones sexuales, cada quien tiene sus propios tiempos". "La persona que elijas para tener sexo te debe tratar bien, sin violencia"

"Protégete de infecciones o embarazos no deseados, una buena opción es saber usar métodos de barrera como los condones"

"Si mantienes relaciones sexuales que sea un lugar seguro, donde esté a salvo tu integridad física o emocional".

Las formas de relacionarse y de comunicarse, al igual que los mensajes que se mandan, están asociados a los modelos de familia que se han ido construyendo de acuerdo con las exigencias de los contextos sociales e históricos. Existen varias propuestas que precisan dichos modelos, pero la que nos ha sido más útil es la que formulan Nardone, Giannotti y Rocchi (2008). Fruto de sus investigaciones describen seis modelos de organización de las relaciones entre padres e hijos; cada uno de ellos tiene un impacto en la educación de la sexualidad que se imparte en las familias.

De acuerdo a estos autores, en un sistema familiar HIPERPROTECTOR, los padres omiten toda información y formación relacionadas con la sexualidad de sus hijos ya que consideran que ello acabaría con su inocencia y les generarían traumas de por vida. Este modelo se da en aquellas familias que prefieren que sus hijos falten a la escuela el día que tienen una clase sobre la temática y están renuentes a que sus hijos reciban algún curso o taller sobre sexualidad. En este tipo de sistema es imperativo desarrollar la confianza de los padres en sus hijos, entender en que si se les brinda información de acuerdo a su desarrollo psicosexual, contarán con herramientas valiosas, tanto para protegerse, como para tomar decisiones acertadas acerca del ejercicio de su sexualidad.

En un sistema excesivamente DEMOCRÁTICO-PERMISIVO, es el hijo el que toma las riendas de su propia educación de la sexualidad; por ejemplo, puede elegir ver pornografía a una edad no acorde a su desarrollo, o cometer actos de violencia con sus compañeros sin que haya una consecuencia, debido a que los padres creen que toda regla debe someterse a consenso. En este tipo de familias será necesario que los padres definan una jerarquía que les permita a ellos, por ejemplo, tener el poder de establecer reglas concretas sobre los horarios dedicados al uso de internet y el tipo de contenido que los hijos pueden explorar.

Por otro lado, un sistema AUTORITARIO se caracteriza por la prohibición de todo lo que tenga que ver con sexualidad, incluso puede escalar a castigos psicológicos y/o físicos, si alguno de los miembros de la familia accede de forma directa o indirecta a material sobre el tema. En este caso será fundamental abrir de manera paulatina la discusión, sobre temas menos amenazantes, hasta llegar a tocar temáticas de índole sexual.

Por su parte, un sistema DELEGANTE, trasfiere la responsabilidad de la educación de la sexualidad a terceros:

ya sea a familiares, amigos o a la escuela. En este caso se requiere que la madre y/o el padre asuman directamente el compromiso, siendo ellos quienes resuelvan las dudas de los niños acerca de la sexualidad, de una manera clara, breve y amorosa, evitando contestar con frases como "eso te lo van a enseñar en la escuela".

En un modelo SACRIFICANTE encontramos a padres y madres que no viven su propio placer, con tal de cubrir al cien por ciento las necesidades de los hijos, y estos, a la vez, aprenden que todo en la vida es sufrimiento. En familias con este sistema será necesario introducir un poco de gozo en su dinámica, por ejemplo, realizando actividades que sean divertidas; pueden ser sencillas como el degustar una golosina, darse un masaje, ir de paseo, visitar amigos, ir al cine, bailar… Introducir estas experiencias de placer, llevarán a todos los miembros a apropiarse del concepto de lo placentero. En algún momento, esto conllevará a que los hijos puedan experimentar placeres sexuales, acordes con su edad y desarrollo.

Por último, en un sistema INTERMITENTE, los padres van alternando diferentes estilos de crianza: a veces son autoritarios, otras delegantes, y otras más democráticos, hiperprotectores o sacrificantes. Esto crea una inconsistencia en su acercamiento hacia los hijos. En este tipo de familias es deseable, que entre papá y mamá, se pongan de acuerdo sobre el modelo educativo más útil para educar sobre temas de sexualidad, con un marco de referencia mucho más claro para todos.

Herramientas para una comunicación efectiva con los hijos

Existen diversos autores que proponen técnicas para comunicarse con los niños y adolescentes, entre estos están las autoras con mayor reconocimiento a nivel mundial, Adele Faber y Eleine Mazlishi (2010), quienes sugieren lo siguiente:

Validar los sentimientos, en lugar de decir frases como "no puedes estar cansado, acabas de despertar", "no sé por qué dices que estuvo aburrida tu fiesta, si te la pasaste jugando todo el tiempo", "claro que no te dolió" (mientras el niño llora); podrías decir estas otras: "comprendo que te sientas muy cansado", "ya veo que te pareció la fiesta aburrida", "mi amor, sé que te está doliendo mucho".

Describir el problema, en lugar de reprochar, etiquetar o reclamar. En lugar de decir "eres muy imprudente, siempre dejas la llave del agua abierta", "no has bañado al perro, eres una irresponsable", "deja ese teléfono en este momento"; se podrían formular estas oraciones: "Felipe, el agua se está regando", "Julia, hoy le toca baño a Rufo", "Pablo necesito hacer una llamada urgente".

Ofrecer alternativas de conducta, en lugar de amenazar o castigar. "Si vuelves hacer lo mismo, te voy a pegar", "tú te lo buscaste" (pegándole mientras se dice), se podría cambiar por: "tú eliges si estás tranquilo aquí en la sala o te vas al patio a jugar", "muy bien, elegiste irte al patio".

Cada una de estas técnicas puede aplicarse en situaciones relacionadas con la sexualidad, dependiendo de la circunstancia o el contexto. Por ejemplo, si se trata de una situación de verdadera curiosidad de dos niños de preescolar sobre su cuerpo, podría expresarse algo como: "veo que están jugando a quitarse la ropa, supongo que tienen curiosidad de saber cómo son sus cuerpos, yo les puedo enseñar otra forma de saberlo sin lastimarse", en lugar de: "niños, ¡¿qué están haciendo?!, cochinos".

Otro ejemplo de cómo pueden ponerse en práctica al momento de establecer límites al usar el Internet: "veo que estás buscando pornografía, material que habíamos dicho no es para tu edad" y se hace una pausa para escuchar atentamente el argumento del niño o niña justificando su acción; posteriormente se pueden ofrecer alternativas: "tú eliges, si quieres romper el acuerdo, entonces no podrás conectarte a Internet durante una semana o si sigues la regla de no ver pornografía, tendrás acceso para ver otras cosas acordes con tu edad". En este caso en particular, es importante mencionar que a los jóvenes se les deben proporcionar actividades alternas al uso de la tecnología, ya que para muchos adultos resulta más práctico que estén frente a un dispositivo durante todo el día, con tal de no ser molestados.

Otra herramienta muy útil se explica en este ejemplo que una mamá nos compartió: ella ve a menudo, con su hijo adolescente, videos y películas de temática variada; mientras ambos observan estos programas, intercambian puntos de vista. La madre le pide a su hijo que exprese su opinión y que haga una crítica del contenido, que identifique los estereotipos que manejan, los mensajes de violencia implícita y explícita que transmiten, lo mismo que los elementos positivos que vale la pena retomar para aplicarlos a su propia vida. Esta dinámica la tiene pensada si descubriera que su hijo ve pornografía; en lugar de alterarse y desbordarse como muchos papás y mamás lo hacen, llevaría a cabo este ejercicio de reflexión, ya que le ayudaría al chico a ir construyendo su propio criterio, el cual le permitirá en el presente y en el futuro, tomar decisiones responsables sobre su sexualidad.

La comunicación y las relaciones en la comunidad educativa

La escuela es un espacio donde se presentan dilemas y contradicciones: por una parte, a los profesores se les asigna el rol del agente responsable de la educación de los niños, pero por otro, se les castiga si llegan a tomar ciertas decisiones, sobre todo, en temas relacionados con la educación de la sexualidad de sus alumnos. Los profesores no saben qué hacer, cómo intervenir y hasta qué grado proporcionar información o sensibilizar sobre este tópico tan controvertido. En otras ocasiones, ni les interesa realmente resolver los problemas que se presentan con los alumnos en el salón de clase, solo van a cubrir horas pues su saturación administrativa en la entrega de formatos y documentos, es primordial. Y cuando los niños llegan a casa e intentan resolver sus dudas, el silencio se convierte en la principal respuesta.

Al percatarse de ello, no les queda más que saciar su curiosidad en otras fuentes: sus pares o la Internet.

En muchas ocasiones, los profesores, para no ver comprometido su trabajo, y no ser objeto de juicios y reprimendas, prefieren no tocar el tema, a pesar de que muchos de sus alumnos los ven como una fuente de conocimientos y sabiduría que bien podría aprovecharse para ser un agente educativo sobre sexualidad.

Por otra parte, la implementación de nuevos modelos sobre educación de la sexualidad y la inclusión de nuevas temáticas en los libros de texto, en algunos casos se han quedado solo en la dimensión biológica; en otros, sí han logrado abarcar una visión más integral, incluyendo, además de lo biológico, lo psicológico y lo social, sin embargo no es suficiente. Es necesario que exista un interés real por proporcionar capacitación adecuada a los profesores, donde no solo se les dé información, sino que también se les sensibilice sobre el manejo de nuevos conceptos que se van acuñando constantemente en una materia de conocimiento tan extensa y rica como lo es la sexualidad.

Dentro del aula, el profesor se enfrenta a diversas situaciones, relacionadas con esta temática, que debe de solucionar, muchas veces sin contar con las herramientas para hacerlo. Por ejemplo, un niño que gustaba de expresar palabras alzadas de tono con contenido sexual en el salón de clases, seguro inició jugando con una palabra que escuchó de alguien o en algún medio de comunicación. Cuando la dijo por primera vez en la clase, la reacción desbordada tanto de sus compañeros como del profesor, pudo haber hecho que este niño sintiera cierto placer, por lo que repitió la conducta, lo que provocó que el niño sintiera aún más placer y lo repitiera nuevamente. Aquí no importa qué fue primero, si el sentir placer y decir la palabra, o decir la palabra y sentir placer, sino cómo se va construyendo este juego de circularidad que va escalando hasta dimensiones inimaginables.

Este caso se explica con el tercer axioma de la comunicación: "la naturaleza de una relación depende de la puntuación de las secuencias de comunicación entre los comunicantes" (Watzlawick, *et. al.*, 2008. P. 60). Es decir, hay niños que sin que lo pretendan originalmente, descubren que emitiendo cierta conducta los adultos de su alrededor reaccionan de una manera particular, y si la repiten logran el mismo efecto u otros beneficios. En este ejemplo, la falta de herramientas de los profesores en materia de relación y comunicación, así como su reacción desbordada se vuelven parte del problema y lo alimenten.

Estos conflictos generados por una comunicación disfuncional no solo se dan en el aula, sino que son parte de la dinámica institucional. Las escuelas viven una disyuntiva entre hacer respetar sus decisiones y correr el riesgo de perder matrícula, lo que hace que se dé una comunicación confusa, donde no están claros ni la estructura jerárquica, ni los límites. Este dilema mete en conflicto a todo el sistema, generando resultados perniciosos para los alumnos, profesores y padres de familia al nublar las acciones o planes para ejecutar programas como los de la educación de la sexualidad.

Lo anterior se complejiza aún más cuando no están claras las reglas, tanto en las instituciones gubernamentales como en las particulares, sobre el derecho a la educación e información en materia de sexualidad que tienen los niños y los adolescentes. Por eso es pertinente conocer cuáles son las "reglas del juego", y estar al día sobre las reformas con respecto a la educación de la sexualidad que se dictan desde las políticas públicas.

Volviendo al trabajo en el aula, hay profesores con gran inteligencia y lucidez, pero que en la parte relacional no logran mayor impacto en sus alumnos, más bien, generan en ellos cierta aversión, por la manera en que se comunican. En cambio, otros profesores con habilidades intelectuales más modestas, tienen una gran influencia por la manera en que se comunican, más que por lo que comunican (lenguaje analógico).

Por todo lo anterior, saber comunicarse es un verdadero arte que se manifiesta al persuadir a los demás. Persuadir no significa engañar al otro para mi propio beneficio, sino tomar en cuenta su marco de referencia a través de la capacidad de escucha (Echeverría, 2008), para que comprenda que lo que se le dice puede usarlo para su propio beneficio.

Como todo arte, la comunicación persuasiva, requiere de práctica para lograr el grado de maestría, por lo que la buena noticia es que podemos ejercitarla y convertirla en nuestra principal herramienta para interactuar con alumnos, padres de familia y profesores que están a nuestro alrededor.

Herramientas para la comunicación efectiva en la comunidad educativa

Balbi y Artini (2011), proponen tres herramientas básicas para lograr una comunicación efectiva dentro del ámbito escolar. La primera consiste en *iniciar el diálogo con una pregunta*, haciendo que el otro sea el primero en exponer su opinión antes de presentar la nuestra. Así que tendremos la oportunidad de escuchar los argumentos de la otra parte, lo que nos dará el tiempo para formular respuestas estratégicas.

Imaginemos la siguiente escena: una pequeña de cinco años pregunta a la profesora: "¿qué es ser virgen?" a lo que responde inmediatamente definiendo qué son las relaciones sexuales, para así poder explicar, con más claridad, lo que significa ser virgen. Pero resulta que lo que la niña quiere saber es por qué se dice que existen lugares en el planeta que son vírgenes. La profesora, antes de responder, pudo haber indagado de la siguiente manera: "¿por qué me lo preguntas?, ¿dónde la escuchaste?, ¿tú que piensas?". Esto le hubiera permitido tener información para hacer una intervención más efectiva (Álvarez, 2017).

La segunda herramienta se basa en una máxima que expresaba Blaise Pascal (citado por Nardone y Portelli, 2006. p.72): "las personas se persuaden mejor por las razones que ellas mismas descubren que por aquellas que proceden de la mente de los demás". Por ejemplo, cuando una joven o un joven adolescente tiene conductas sexuales de riesgo, la intervención típica es reprimir o "moralizar" a través de un sermón, en lugar de realizar preguntas que él o ella pueda responder y que le dé pistas de lo que queremos comunicarle.

Aquellos profesores que ni siquiera permiten al alumno que termine la frase con la cual está intentando expresarles su posición respecto a un tema, entran de inicio a la lógica de la sanción y censura. Lo más seguro es que encuentren resistencia en su receptor, aun cuando los argumentos que le expresen sean los más lógicos y saludables.

No es lo que se dice, sino cómo se dice y cuándo se dice: antes de aplicar un correctivo hay que empatizar con el punto de vista del otro, sobre cómo percibe la realidad, ponerse en su lugar para poder comprender su realidad. Y sin que directamente se le contradiga, se añade, a ese punto de vista, nuestro argumento, para lograr incidir en su perspectiva. Las personas, asevera Blaise Pascal, regularmente se niegan a aceptar que han visto cosas erróneas, pero reconocen que no lo han visto todo; en ese tenor, cuando no se les contradice directamente y se les muestra que hay algo más por ver, ahí está presente la persuasión.

Supongamos que un chico adolescente está convencido de que la pornografía es divertida y hasta educativa y que no tiene nada de malo verla de vez en cuando y si pudiera, hasta diariamente lo haría. Un profesor, desde la lógica de la dialéctica clásica que argumenta desde la negación de su opuesto, le dirá que está equivocado rotundamente, que se trata de un material que es sumamente pernicioso y que nunca más debería acceder a él. Lo más probable es que el chico se oponga a este dicho, aumentando aún más su apetencia por este tipo de materiales. Por una parte, siguiendo a la lógica de que lo que es prohibido se torna más deseado, y por otra, en una franca contraposición a lo que la autoridad le impone; máxime cuando está en una etapa en la cual existe un desafío abierto hacia las figuras de autoridad.

En este caso no cuestionamos los argumentos con los que se quiere convencer al joven para que deje de apegarse a la pornografía, sino la manera en la que se quiere persuadir: la forma de comunicarnos será una vez más, el elemento primordial para lograr un impacto en la mirada del otro. En lugar de confrontar, podría decirle: "sé que te llama la atención la pornografía, ¿qué es lo que te atrae?", esta pregunta es clave para internarse en el mundo del adolescente. Tal vez con la respuesta el docente comprenda que es una forma en la cual él "aprende de sexualidad", que le parece divertido ver cuerpos desnudos o que le es emocionante ver ciertas prácticas sexuales poco usuales que más adelante (cuando sea más grande) le gustaría poner en práctica con su pareja. Al escuchar cualquiera de estos argumentos, debemos evitar caer en la tentación de negarlos, sino al contrario, hacer un esfuerzo por comprenderlos lo más fielmente posible, tratando de empatizar con su punto de vista, y partir de ahí para agregar otros argumentos que puedan cambiar su visión. La fórmula ganadora es aprender el lenguaje de nuestro interlocutor.

En el primer argumento del joven que dice que "aprende de sexualidad", al preguntarle qué es lo que ha aprendido, podría contestarnos que ha aprendido posturas sexuales que no imaginaba se pudieran ejecutar, o que ha entendido cómo seducir mujeres, o que debe ponerse en forma para ser atractivo; haciendo una paráfrasis, se le devuelve lo que acaba de argumentar de la siguiente manera: "entonces, lo que tú has aprendido son posturas sexuales que te parecieron novedosas, a seducir mujeres y que es importante estar en forma para ser atractivo"; esta paráfrasis resulta muy importante porque el adolescente se sentirá escuchado y comprendido, asentirá ratificando nuestra comprensión y estará abierto a lo que a continuación le expresaremos: "¿tú crees que esto es una parte de nuestra sexualidad o es todo lo que podemos conocer de la sexualidad?". La respuesta podría ser: "no creo que sea todo, yo creo que hay más". Podemos seguir la conversación: "¿Cómo qué otro aspecto de nuestra sexualidad no está incluido en la pornografía?"

Queremos enfatizar que en ningún momento de esta conversación modelo se descalificó que, este material, fuera una fuente de aprendizaje para él, sino más bien se abrió la posibilidad de que no lo fuera todo, señalando que este se centra en lo corporal, particularmente en lo genital —que también es una parte de la sexualidad— y que deja de lado lo emocional, los valores, la calidad de las relaciones, la comunicación, el cariño, los afectos, las reglas sociales, etc. Una vez que ya establecimos una buena relación y una comunicación desde una escucha más abierta, podemos continuar la interacción al preguntarle lo que no le gusta de la pornografía, y ahora sí, sin el ruido de la contradicción, será más viable que nos comparta su punto de vista. Esto nos da la pauta para expresarle, sin imposiciones, que tampoco estamos de acuerdo con una parte del mensaje y del contenido de ese material.

La tercera herramienta que nos comparten estos autores es *evitar fórmulas lingüísticas negativas*, como por ejemplo: "eso no es cierto", "estás en un error", "lo que dices está equivocado", etc. En lugar de usar estas frases se podría decir: "eso que dices me parece interesante, y si le agregamos esto, tal vez podría funcionar aún mejor, ¿qué opinas?"

Partiendo de la premisa de que el lenguaje construye realidades, en cuanto más flexibles somos en la manera de expresarnos, nos tornamos también más flexibles en la manera en que interactuamos con el mundo. Fórmulas lingüísticas como "podría ser", "tal vez", "eso es posible", van creando una estructura mental mucho más maleable que nos permite instaurar un sinnúmero de alternativas ante una situación dada y sobre todo, abre caminos más efectivos de comunicación con nuestros hijos y alumnos.

Esta herramienta nos recuerda la imagen analógica de la palmera y el roble, donde la primera tiene la facultad ser flexible ante las tempestades, lo que le permite mantenerse en pie, adaptando su tronco a las distintas direcciones que el viento la lleve. En cambio, el roble no podría sobrevivir a las mismas tempestades pues su rigidez haría que su tronco se quebrara irremediablemente; pero a su vez, su fortaleza también es necesaria para enfrentar situaciones adversas que requieren mantenerse firme.

En las escuelas, durante muchas generaciones ha permanecido el mismo sistema educativo (el roble) y las personas que lo conforman, se han ido mimetizando y reproduciendo —hasta en su vida cotidiana— la inflexibilidad que el sistema les impone. Los profesores pueden ser auténticos agentes del cambio, pero desafortunadamente nos hemos encontrado que algunos tienen una posición rígida cuando se trata de enseñar nuevos conceptos de sexualidad. Los mismos directivos de las escuelas llegan a ordenar que estos temas sean excluidos del salón de clase, aun cuando los lineamientos gubernamentales los han estipulado como materia obligatoria al incluirlos en los libros de texto.

Sabemos que la sexualidad, para muchos, es una temática espinosa, ríspida, y hasta cierto punto amenazante, pero si no logramos abrirnos a la realidad actual que se nos presenta, nos veremos rebasados por esta y estaremos carentes de herramientas necesarias para resolver los problemas cotidianos relacionados con este ámbito de nuestras vidas, ya sea dentro o fuera del salón de clase.

La regla básica para saber si mantenemos o no nuestros puntos de vista, es corroborar si aún son funcionales para la realidad actual en la que vivimos: cuando ya no es así, es tiempo de buscar nuevos caminos que seguramente nos llevarán a encontrar otras formas de resolver los mismos problemas, pero con resultados mucho más favorables. Entonces, si ya se ha comprobado, en materia de educación de la sexualidad, que la conducta que se prohíbe se incrementa o que la información que se oculta se vuelve más tentadora, por qué seguimos necios con seguir implementando estas "soluciones". Hay que aprender de estos intentos fallidos y más que querer que la realidad se adapte a nuestra visión, tenemos que cambiarla para que esta se adapte a la realidad, citando a Hegel (citado en Nardone y Watzlawick, 2007): "Si los hechos no se adecuan a la teoría, tanto peor para ellos" (p. 17). [6]

En realidad, la persuasión no significa vencer al otro con nuestros argumentos y puntos de vista, sino implica entender que el punto de vista del otro tiene una lógica que sostiene su argumento y que si somos flexibles y logramos y mirarlo desde su perspectiva, es muy probable que podamos darle la razón, pero agregando información nueva que amplíe su panorama, generando en nuestro interlocutor cambios con menor resistencia.

Si bien estas tres herramientas las hemos ejemplificado con casos de alumnos, también podemos ponerlas en práctica con los padres de familia, ya que para muchos

---

6   Al respecto Von Glasersfeld (citado en Watzlawick, 1994) expresa: "...cada vez con mayor frecuencia deben preguntarse si están descubriendo leyes de la naturaleza o si, por obra de las refinadas preparaciones de la observación experimental, están forzando más bien a la naturaleza para que encaje en hipótesis previamente concebidas." (p. 35).

profesores y directivos, la comunicación con ellos también implica un gran reto. Hemos escuchado, en muchas ocasiones, decir a los profesores que cuando se trata de introducir nuevas temáticas sobre sexualidad en el aula, más que las dificultades se presenten con los alumnos, el reto está en persuadir a los padres de familia de que esto beneficiará a sus hijos. Y no es para menos, en cada papá o mamá se conjuntan hábitos y prejuicios cristalizados durante muchos años, además de experiencias traumáticas de su historia personal, factores que se suman a la gran responsabilidad que tienen de criar y proteger a un hijo. Esta se trata de una tarea difícil por lo que es importante validar sus miedos y dudas sobre la educación sexual que se les imparte a sus hijos.

Así es como los profesores pueden usar estas tres herramientas propuestas para lograr acuerdos con todas las partes, sin que se genere un ambiente de contraposición o discordancia, sino al contrario, fomentando la conformación de un verdadero equipo de trabajo; tal como lo afirman Papantouno, Portelli y Gibson (2014), donde ganen todos en el ámbito escolar. Pero no solo en este, sino en todos los ámbitos de nuestras vidas (familiar y personal), estableciendo así, relaciones saludables con la gente que nos rodea, al generar una comunicación cada vez más armónica y amable sobre cualquier tema, incluyendo la educación de la sexualidad.

CAPÍTULO 5

ESTUDIOS DE CASO: APLICACIÓN DE ESTRATEGIAS Y TÉCNICAS

"La práctica sin teoría es ciega y
la teoría sin práctica es estéril"

Kant

El camino hacia las soluciones depende de los "lentes teóricos" que usemos, y de acuerdo a nuestra experiencia, los modelos que han dado resultado para la resolución de casos que presentaremos en este capítulo son la terapia breve estratégica evolucionada de Giorgio Nardone (2002; 2004; 2012; 2015) y la terapia narrativa de White y Epston (1993) y de Freeman, Epston y Lobovits (2016).

Las estrategias de la terapia breve permiten hacer sentir a los pacientes el propio avance en poco tiempo y modificar su autoconcepto y su actitud hacia su entorno, lo cual contribuye a lograr una autorretroalimentación constante que facilita su progreso.

Por su parte, en la terapia narrativa se asume que el cliente (llamado habitualmente "coautor" o "coautora"), y no el terapeuta, es la persona experta en la historia de su vida. No es que el paciente se limite a aportar información para que el terapeuta genere un diagnóstico y un programa de tratamiento, sino que ambos trabajan construyendo una manera útil y adaptativa de presentar la historia de la vida del cliente. White, propone una serie de preguntas para indagar, y sobre todo construir, nuevas narrativas que enriquezcan la vida del paciente. Desde luego que al tratarse de una propuesta narrativa, el eje rector de este modelo es la externalización de las vivencias, a través de un "antilenguaje", término acuñado por su colega y coautor de otros textos, David Epston (White, 1991).

Este camino hacia la solución, que hemos diseñado desde el trabajo terapéutico, no lo podemos pensar sin que vaya acompañado por una visión constructivista, la cual plantea que no existe una realidad única y objetiva, tal como la pretende la filosofía positivista y todos sus derivados teóricos.

La niña que se masturbaba en el salón de clases

Un par de padres jóvenes llamaron por teléfono muy angustiados porque su hija de 3 años no lograba controlarse en el salón de clases, pues se "masturbaba" en público, poniendo en jaque a la profesora encargada y a su asistente que ya no sabían qué hacer. En la entrevista, la mamá, quien era profesora, con mucha angustia expresaba que también lo hacía en casa: cruzaba las piernas y empezaba a moverlas estimulándose de arriba abajo, llegando incluso a sudar, ponerse roja y a perderse de lo que estaba sucediendo a su alrededor. Esta costumbre había iniciado desde los ocho meses de nacimiento cada vez que se iba a dormir, pero no se habían preocupado (hasta ahora) ya que no era algo constante ni tampoco una conducta que fuera en aumento.

En su desesperación, los padres habían hecho diferentes intentos por erradicar este comportamiento sin éxito, desde distraerla, castigarla quitándole sus juguetes, mandarla a su habitación, hasta recurrir a frases que la evidenciaran como "piernas locas", "ya te vi", "deja de hacerlo", provocando el efecto contrario. En la escuela le habían llamado la atención en muchas ocasiones, situación que hacía que la madre se angustiara en demasía, pues temía que estuviera sucediendo un posible abuso sexual, o bien, que la criticaran a ella como madre por no saber cómo manejar esta situación. Sentía una doble presión: por un lado por ser docente y por el otro por el deber de ser una buena madre, condiciones que sentía que la obligaban a saber usar las técnicas adecuadas para resolver todas las problemáticas que sus hijos presentaran. Esta presión que presentaba la madre es muy común en los profesionales exitosos e inteligentes que frecuentemente se ven envueltos en la duda patológica[7] por saber si lo que están haciendo es correcto.

El padre era un hombre muy responsable con su paternidad, pero no estaba tan desesperado como ella, lo que hacía que la madre se sintiera incomprendida; él constantemente trataba de tranquilizarla, y en cambio ella enfocaba su energía en hacerle entender que se trataba de una situación muy grave que había que resolver. Mientras la pequeña se autoestimulaba, la madre se asustaba y el padre trataba de tranquilizar a la madre y al mismo tiempo le llamaba la atención a la niña, quien a su vez no podía detenerse. Todo un círculo vicioso de conductas repetitivas: la pequeña encontró una sensación placentera, que a la vez era una forma de mantener el control emocional sobre sus padres.

Este tipo de problema no puede ser comprendido desde un esquema estímulo-respuesta como lo plantea el modelo conductual, ni desde una explicación intrapsíquica como lo plantean los modelos humanistas, ni tampoco desde la explicación del pasado como propone el psicoanálisis. Lo que se tiene que hacer es identificar la serie de interacciones circulares que se van alimentando una a otra, sin importar el origen; es decir, la manera en que se mantienen estos circuitos que van escalando cada vez más en su complejidad. En este caso, no solo se trataba de la conducta sexual de la niña, sino de todo el modelo sistémico donde la familia

---

7 "Desde la duda, con las mejores intenciones, a través de un recorrido de la búsqueda razonable, la búsqueda de respuestas tranquilizadoras se llega a obtener los peores efectos, esto es, la instauración de una patología". (Nardone y De Santis, 2012.p.33).

participaba en el mantenimiento del problema, a través de las soluciones intentadas.

En este sentido, las indicaciones estuvieron enfocadas, no solo en eliminar el síntoma que la niña presentaba, sino en romper las interacciones disfuncionales que mantenían esta situación. Así que, por un lado, se le pidió a la madre que se dedicara media hora al día a evocar todos los miedos que la hacían sentir aterrada sobre lo que podía pasar[8], y por el otro, a ambos padres se les prescribió la *conjura del silencio* (Nardone, Gionnotti y Rocchi, 2008). Esta estrategia implicó interrumpir cualquier tentativa de exhortación a parar la conducta de la niña, pues esta acción de los padres lo único que hacía era alentarla más. En vez de esto, se les pidió que realizaran los tres pasos siguientes, probados en la práctica para tratar estos casos:

El primer paso es la implementación de una estrategia psicoeducativa, donde se les pide a los padres que enseñen a los menores la diferencia entre conductas públicas y privadas (Álvarez, 2017). Curiosamente, en muchas ocasiones damos por hecho que lo tienen que saber, y en realidad se trata de una competencia que se va socializando a través de la transmisión de reglas por parte de los cuidadores.

Una posible explicación que puede darse es la siguiente: "hay ciertas cosas que podemos hacer delante de la gente, como por ejemplo correr, caminar, brincar, sentarnos, reír, etc., y hay otras como hacer popó o pipí,

---

8 Esta técnica creada por Nardone (2002, 2012), llamada "la peor fantasía", ha sido muy efectiva para fobias, ataques de pánico o pensamientos obsesivos.

bañarnos, desvestirnos, sacarnos un moco, tocar nuestros órganos sexuales, etc., que no debemos hacer delante de la gente porque puede ser peligroso, ya que alguien se podría aprovechar de nuestro cuerpo y abusar al manosearnos. También es porque la gente se siente incómoda, y para eso existen lugares donde podemos hacer todas estas cosas, como nuestra recámara o el baño, así que te voy a pedir que cada vez que quieras tocar tus órganos sexuales vayas al baño o a tu recámara, ya que no tiene nada de malo, pero es algo privado".

Después de este primer momento, se da un segundo paso expresado como sigue: "así que vamos a inventar una forma en la que yo te avise que tienes que ir al baño o a tu recámara para que puedas seguir tocando tus órganos sexuales de manera privada, las veces que tú quieras, y cuando termines puedes regresar al lugar donde estabas". Se acuerda una señal muy simple pero discreta para que la pequeña tenga presente cómo se dará la indicación; es un anclaje que le servirá de recordatorio, como por ejemplo, doblar un dedo, tocarse la nariz o señalar con un dedo el lugar a donde tiene que recurrir. En caso de que no quiera ir, se le tomará de la mano sin negociación alguna y de una forma suave pero firme a la vez, se le llevará al lugar donde pueda seguir tocando sus órganos sexuales.

Esta estrategia terapéutica se llama *prescripción del síntoma*, consiste en romper el ciclo de lo espontáneo o incontrolable —obsesiones, comportamientos compulsivos, coacciones de repetición, y pensamientos obsesivos—

haciéndolos voluntarios por indicación del terapeuta (Nardone y Watzlawick, 2007).

Con esta estrategia se cumplen varios objetivos, por una parte, se le enseña al niño o a la niña que lo que ella está haciendo no es algo "malo" o "sucio" que debe de suspender sino que es una conducta normal, que tiene derecho a explorar y a disfrutar su cuerpo, solo que debe hacerlo en un lugar privado. Por otra parte, se está dando información para prevenir una situación de abuso sexual al hacer consciente a los chicos de que podrían existir personas que quisieran manosear su cuerpo y que por eso, para realizar este tipo de conductas, deben estar en un lugar privado en el que solo estén ellos y nadie más.

Con esta misma estrategia también estamos rompiendo la cadena de transmisión de los mitos con los que los mismos adultos fuimos criados. Para muchos de nosotros era común que en una situación como esta nos sintiéramos mal por los comentarios de nuestros padres o abuelos: te saldrán "pelos" en las palmas de las manos", "se te va a secar el cerebro" y "te vas a quedar loco o ciego". Este tipo "enseñanzas" traducidas en estas frases desagradables, causaban un daño irreparable en nuestra salud sexual, al lanzar la prohibición de explorar nuestros cuerpos. Volviendo al caso de la niña, es importante reconocer que estamos ante una situación donde la sensación base es el placer, por lo que la mejor forma de trabajarlo es ritualizándolo al interrumpir la secuencia llevándola a un lugar diferente al que inicialmente había empezado su estimulación; en caso de estar realizando otra actividad de manera simultánea —como ver la televisión o intentar jugar con otros niños— este movimiento hace que "se lo pierda" por estar "ocupada" en otra actividad (el masturbarse) que ya no resulta tan placentera por sí sola.

Por otra parte, los padres retoman el control de la situación, pasando de un estado de indefensión en una posición *one down*, donde la niña les restregaba que ella tenía dominio de su propio cuerpo, a una posición de poder saludable, *one up*[9]: donde los padres ya no le prohibían estimular sus órganos sexuales, pero ahora lo tiene que hacer, por una orden, en un lugar distinto al que la pequeña hubiera preferido. Esta estrategia también fue indicada para que la llevaran a cabo las maestras en el contexto escolar.

Para la segunda sesión hubo un avance de entre el 60 y 70 por ciento, de acuerdo con la percepción de los padres: la frecuencia del evento bajó considerablemente, tanto en la casa, como en la escuela. Esto trajo como consecuencia más tranquilidad para la mamá, y a su vez, tuvo un impacto positivo en la pequeña. Además, el hecho de que los adultos hayan retomado el control, tuvo un efecto positivo en la reacción de la madre, al ver los resultados alcanzados en pocos días. Este es un claro ejemplo del modelo circular, que no busca el origen de los problemas, sino que se enfoca en ver cómo operan, para desmontarlos con pocas pero eficaces maniobras.

---

9 Esto en la pragmática de la comunicación se le llama estar en una relación complementaria, donde la relación está basada en la diferencia, y uno ejerce jerarquía sobre el otro (Watzlawick, Beavin, y Jackson, 2008)

Las siguientes sesiones se encaminaron a consolidar los resultados, desarrollando en la niña habilidades para socializar con sus compañeros y dándole alternativas de actividades agradables que le permitieran diversificar el placer. Así ya no estaría enfocada en la estimulación de sus órganos sexuales lo cual le permitiría vivir una sexualidad más integral, o en palabras de Fina Sanz (2012), más global, que no solo se centre en lo genital, sino en la exploración de todo el cuerpo y todos los sentidos, promoviendo una experiencia más creativa y saludable.

La niña que no sabía decir "no" a juegos sexuales

Una de las dudas más recurrentes de los padres de familia y profesores es hasta dónde ciertas conductas sexuales son "normales" o no ,tanto estadísticamente (en términos de lo más frecuente), como en el ámbito de la salud mental (la distinción entre lo que es saludable y lo que no), con relación al desarrollo psicosexual. A estas conductas nosotros les llamamos "conductas o actitudes esperadas de acuerdo con el desarrollo". Dentro de estas también consideramos las habilidades o competencias que debería el niño, niña o adolescente, adquirir a cierta edad para vivir su sexualidad con placer y salud. Esto implica contar con las herramientas necesarias para el autocuidado, las cuales deberían promoverse en ellos por los adultos. Esta aclaración está relacionada con el siguiente caso.

Una pequeñita de 5 años, estando en una reunión familiar, fue llevada por un primo de 7 a una habitación donde le quitó la ropa interior y le mostró videos con escenas de erotismo adulto. En otra ocasión, el mismo niño la encerró en el baño para mostrarle sus órganos sexuales. En una tercera, nuevamente el pequeño la encerró en una habitación y la desvistió por completo. No era con la única que el niño hacía esto, ya otras veces se había comportado así con otros niños, sin embargo sus padres habían minimizado estas conductas, asegurando que se trataba de algo normal.

La madre de la pequeña estaba muy preocupada, no sabía qué hacer ni que tanto su hija había sido afectada por esas experiencias. El padre en cambio, se mostraba confundido, pues no sabía hasta dónde esas conductas eran saludables y si había que intervenir. Lo primero fue hacer un abordaje psicoeducativo con los padres y la niña, precisando la diferencia entre juegos sexuales, juegos abusivos y abuso sexual, explicado con un lenguaje acorde a su edad (de la hija). Para ser llamado juego sexual, este tiene que cumplir cinco condiciones:

1. Que sea libre y voluntario, es decir, que nadie se sienta obligado o que se obligue a alguien a participar; en caso contrario estaríamos hablando de un juego abusivo (juego obligado entre pares).

2. Que los integrantes sean aproximadamente de la misma edad cronológica y de desarrollo psicosexual; que la madurez emocional y cognitiva sean relativamente equiparables.

3. Que los niños y niñas que participen no hayan tenido experiencias previas de exposición a estímulos sexuales no acordes con su nivel de desarrollo psicosexual como películas, revistas, Internet, pornografía o situaciones de abuso sexual infantil. Si fuera el caso, con ello se generarían circunstancias de peligro, tanto para el niño o niña que sí las ha tenido, como para los que no han tenido estas experiencias.

4. Que no solo se realicen juegos sexuales, sino que de igual modo los participantes coincidan en otros juegos.

5. Que ninguno de los involucrados le pida a otro guardar el secreto sobre haber realizado ese juego (Alvarez, 2017).

Además, a los papás se les conminó a que hablaran de conductas públicas y privadas, como se hizo en el caso anterior. Para la etapa del desarrollo psicosexual de esta niña en particular, se recomienda jugar con un memorama de conductas públicas y privadas (Alvarez, 2017), dando las siguiente indicaciones: "vamos a jugar al memorama, en las tarjetas vienen dibujos de ciertas cosas que hacemos en la vida diaria; cuando salga el par, tú vas a decirme si son públicas, es decir si lo podemos hacer delante de la gente sin que cause problema, o privadas, actividades que no se pueden hacer delante de otras personas. Por ejemplo caminar, será ¿público o privado?". Podríamos complementar la reflexión con la pregunta "¿en dónde podemos caminar?", esto hace que el niño ubique mejor los lugares públicos. "Bañarnos, ¿es público o privado?, ¿en qué lugar podemos bañarnos?", y así con cada una de las ilustraciones del memorama (jugar, hacer popó, nadar, hacer pipí, bailar, cambiarse de ropa, brincar, tocar nuestros órganos sexuales, etc.).

También podemos pedirle que dibuje un mapa de su casa y que ilumine de color verde los lugares donde puede hacer cosas públicas y de rojo donde puede hacer cosas privadas. Esto mismo se puede hacer con la escuela o cualquier otro lugar que se crea conveniente (Alvarez, 2017).

Para terminar el proceso psicoeducativo, se le pide que distinga las actividades que son saludables de las que no lo son con el juego "Se vale, no se vale". "Para los niños y niñas ¿se vale o no se vale tocarse uno mismo el cuerpo?, ¿se vale o no se vale que alguien les quiera quitar la ropa?, ¿se vale o no se vale que alguien los invite a jugar futbol? ¿se vale o no se vale que alguien más grande les enseñe su cuerpo desnudo?, ¿se vale o no se vale que alguien les obligue a tocar su cuerpo?, ¿se vale o no se vale, que alguien nos invite a una fiesta?, ¿se vale o no se vale que alguien nos dé un regalo sorpresa? ¿se vale o no se vale que alguien nos encierre en una habitación para realizar juegos que nos incomodan como el que nos toquemos? ¿se vale o no se vale?". Como pudieron observar, las intervenciones educativas van acompañadas de preguntas reflexivas para que sean los mismos niños quienes elaboren sus propias respuestas. Esto hace que la persuasión sea más poderosa y que lo que van aprendiendo sea más significativo para ellos al no ser una imposición de los adultos. Como lo expresan Nardone y Salvini (2011) son preguntas que van llevando a un descubrimiento en conjunto.

Después del proceso educativo, la siguiente maniobra fue evitarle a la niña estar en contacto con el primo; esto tuvo como objetivo retirarla de una zona de peligro real, ya que el pequeño no tenía ningún autocontrol y sus padres no consideraban que hubiera un problema con su comportamiento. Por otro lado, se les pidió a los padres que observaran a la pequeña sin intervenir, para poder notar si había alguna situación conductual o afectiva que hubiera emergido a partir de lo vivido.

A partir de este ejercicio, con relación al aspecto interaccional de la conducta de la niña, los padres se dieron cuenta que la pequeña no había adquirido habilidades para poner límites, ya que no solo fue complaciente con el primo, sino que lo era en general con todos los niños: no sabía cómo parar un juego cuando se empezaba a sentir incómoda, lo que la convertía en presa fácil de actos abusivos.

Al indagar sobre la dinámica familiar, los padres reconocieron que ellos mismos no sabían poner límite ni a sus familiares y amigos, y que esa situación modelaba la conducta de la pequeña. Por lo tanto, se les prescribió un juego familiar: se les pidió que le explicaran a la pequeña que todos jugarían al "me encantaría pero no puedo". Cuando realmente hubiera algo que no quisieran hacer, por ejemplo dar un beso a un visitante, dirían esa frase, pero aclarándole que en las reglas de casa, como dormirse temprano o hacer la tarea, no valía. Cada vez que algún miembro de la familia (papá, mamá o hija) la mencionara, los demás le darían un abrazo.

Esta tarea tuvo resultados increíbles, ya que no solo la niña empezó a poner límites, sino que toda la familia tuvo la fuerza para defenderse de sus familiares de origen y amigos. Además, la hija, adquirió confianza en sí misma para hacer amigos, algo que antes no sabía cómo hacer.

Para cerrar la intervención, se le dejó a los padres la tarea de que cada vez que fueran a un centro comercial, le hicieran a la pequeña estas tres preguntas: "¿qué te gusta?, ¿qué no te gusta?, ¿qué elegirías?"; esto permitiría generar aún más confianza en la niña, al identificar claramente aquello a lo que tiene derecho y poner límites cuando algo no es de su agrado.

Ante situaciones como las que se presentaron en este caso, es importante trabajar en la prevención del abuso sexual y agregar un diálogo como sigue: "…y recuerda que nadie que tú no quieras puede tocar tu cuerpo ya que todo es privado, y hay partes que son más íntimas y delicadas como tus órganos sexuales, tu vulva que está entre tus piernas, tus nalgas, tu pecho, los hoyitos de tu cuerpo como lo son tus fosas nasales, tus ojos, tus oídos, tu boca, tu ano, tu vagina. Cualquier otra parte que no te sientas cómoda que te toquen, puedes decirle a la persona que lo está haciendo que no lo haga, a menos de que sea un médico, y aún así, debe estar un adulto que te cuide cuando suceda. Cuando seas mayor, tú vas a decidir si quieres o no compartir caricias con otras personas".

En la última sesión, la madre estaba muy satisfecha, expresó que la niña ya tenía la fortaleza para poner límites (tanto a niños como adultos), de pedir ayuda, para saber distinguir lo que le gusta de lo que no, así como para poder elegir —habilidad que es básica para mantener relaciones saludables con los demás—.

Es importante aclarar que este caso se trabajó con una terapia indirecta, es decir, solo con la presencia de los padres (Nardone, Giannnotti y Rocchi, 2008; Nardone 2015). En ninguna sesión hubo necesidad de llamar a la niña a consulta. Este tipo de terapia se basa en la premisa sistémica de que el movimiento de una pieza tiene una influencia significativa en las demás, como el llamado efecto dominó, donde la caída de una ficha puede tirar al resto.

El niño al que su mente le ordenaba pensar y decir cosas sobre los órganos sexuales[10]

Un padre de 31 años llamó desesperado a nuestra organización diciendo que su hijo de 6 años estaba presentando un problema que afectaba a toda la familia: no podía parar de pensar y hablar sobre temas relacionados con los órganos sexuales. Primero lo notó la madre, trató de solucionarlo diciéndole que parara esos pensamientos o que pensara otra cosa, sin embargo, esta acción agravó más la situación. Regularmente en la sesión inicial se pide que solo vayan los padres a la entrevista, pero dada la urgencia y gravedad del problema que vivía el afectado (el pequeño fue quien pidió la ayuda), se solicitó que lo llevaran desde esa primera cita.

---

10 Caso presentado en el Segundo Congreso Internacional Infasi Act. *Retos actuales en la práctica clínica de Hipnosis Ericksoniana y Terapia Sistémica*. Del 26 al 28 de mayo de 2017 en Tlalnepantla Edo. de México.

Desde el saludo se notó que se trataba de un niño con mucha energía, pero su rostro y tono de voz demostraban sufrimiento. Se presentó diciendo: "siempre pienso en agarrar vaginas y penes, mi mente me lo dice… a una niña ya le vi la vagina y le agarré el pecho… a un niño le vi el pene… pienso que le chupo el pene a todos… y mi mente me dice que le agarre el pene a usted". En un primer momento, a cualquiera impactaría mucho este tipo de presentación, pues es inusual que una persona, y mucho menos un niño, exprese de manera tan locuaz lo que acababa de decir este pequeño.

Al explorar un poco más, los padres nos comentaron que esto se originó a partir de que un vecino adolescente le dijo en voz alta: "chúpame los huevos", aunado a haber visto un capítulo de la serie *Los Simpson*, donde un personaje enseñaba las nalgas. Cabe recordar que el modelo de intervención que nosotros implementamos no busca conocer los orígenes de la conducta, ya que esto no es fundamental para resolver el problema. Esta es una de las "herejías" de la psicoterapia breve estratégica: la poca importancia que le da a saber las causas originales, centrándose en cómo funciona y cómo se puede desmontar ese sistema que se mantiene solo (Nardone y Watzlawick, 2007).

Al tratar de dilucidar cómo funcionaba el problema, los padres refirieron lo siguiente: su verdadera preocupación era que su hijo estuviera viviendo abuso sexual, pues ellos mismos eran sobrevivientes de este tipo de eventos en su infancia, y a pesar de que ya lo habían trabajado en sus respectivas terapias años atrás, la situación despertaba en ellos alarmas que les generaban mucha ansiedad. La solución intentada de los padres era decirle al niño constantemente que pensara en algo más; él también intentaba a toda costa dejar de pensar, pero "pensar no pensarte, ya es pensarte" (Nardone y De Santis, 2012. p.40).

La solución que el chico intentaba nos hablaba de una fijación obsesiva, pues el intento por controlar sus pensamientos y su conducta terminaba en un verdadero fracaso. Cuando le preguntamos a qué se parecía su pensamiento contestó de inmediato que se asemejaba a un toro y le pedimos que lo dibujara frente a otro dibujo que lo representara a él, en la misma hoja. Después de seguir la indicación dijo que irremediable y tristemente estaba siendo arrollado por el animal. Después se le preguntó que quién era más poderoso a lo que respondió que el toro. Se le cuestionó sobre qué era lo que necesitaba para dominarlo y respondió que unas armas. Llenó toda la hoja con dibujos de armas. Se le preguntó: "ahora con las armas, ¿cómo te sientes con respecto al toro?", y titubeante expresó que le podría ganar.

Como tarea en casa se prescribió que cada hora el pequeño dibujara por cinco minutos lo que su mente le ordenaba. También tenía la libertad de dibujar las armas y el ataque al toro. A los padres se les pidió que hicieran *conjura de silencio* es decir, que no hablaran del tema el resto del tiempo, pues a través de un diálogo estratégico (Nardone y Salvini, 2011) se llegó a la conclusión en conjunto, que entre más le ordenaban que no pensara o expresara algo acerca de los órganos sexuales, el "toro" adquiría más poder, y entre más hablaban del problema más lo alimentaban. También se pidió que el niño aplicara la *técnica del púlpito*: expresar durante 20 minutos, frente a sus padres, todos los pensamientos invasivos que el "toro" le ordenaba que pensara y dijera.

Para la segunda sesión la madre anunció que había disminuido considerablemente el problema, asegurando que se había logrado un avance del 80 por ciento. En esta sesión le pedimos al niño que hiciera un títere con bolsas de papel ejemplificando al toro. Quiso que su mamá y el terapeuta también dibujáramos otros personajes como un Tiranosaurio rex y un cocodrilo. Elaboramos los títeres y juntos hicimos un cuento. Al final le propusimos que encerrara a ese toro en una "caja domadora".

Con esta estrategia, de manera simbólica y sugestiva, los niños, a través de la externalización del problema (White y Epston, 1993 y Freeman, Epston y Lobovits, 2016), meten en una caja de cartón atada con un hilo, todas aquellas situaciones que los dominan, como emociones o personajes, de manera que se vayan "domando" y ellos adquieren nuevamente el control de la situación.

La indicación fue que al llegar a casa debía colocar la "caja domadora" en un lugar alto; esto porque se usan códigos sugestivos o frases que le permiten al pequeño recuperar el control como la siguiente: "un miedo pierde su poder si no pisa el suelo" (Velarde, 2016).

También se le sugirió que se asomara a diario a la caja para que él mismo moviera al toro de maneras graciosas y simpáticas que no dieran miedo. La premisa es que un miedo encerrado en una caja domadora se va transformando hasta volverse más amigable.

Para la tercera sesión, el niño dijo —en sus propias palabras— que ya lo había superado, así que se le pidió que dibujara cómo se sentía: dibujó un sol feliz y a él jugando con sus amigos, lo cual interpretamos como que su mente ya estaba más tranquila.

En la cuarta y última sesión, tanto él como sus padres estaban mucho más serenos al contar con "las armas" (en palabras del niño) para combatir al toro si este se volvía a aparecer. Se dio seguimiento al caso: después de seis meses y después de un año, no se presentó ninguna recaída.

Contradiciendo lo que algunos autores suponen respecto a que la terapia breve estratégica solo puede aplicarse a niños de forma indirecta o con toda la familia, desde el modelo estructural, Velarde (2016), afirma que sí se puede intervenir de manera directa y este caso lo demostró.

La niña que vio porno en una *tablet*

Las tecnologías en esta era de la comunicación global han resultado ser una excelente herramienta para tener acceso inmediato a la información que uno desea. Con solo poner una palabra o hacer una pregunta, rápidamente frente a la pantalla de los dispositivos se despliega una cantidad infinita de páginas web que tratan el tema. Algunas brindan información seria y bien fundamentada, sin embargo, otras tratan los temas de una forma superficial y hasta errónea. Esto se convierte en un verdadero dolor de cabeza para muchos padres de familia que no saben qué hacer ante esta situación, ni con sus hijos, que ya tienen acceso a esta información virtual, desde muy temprana edad.

La imagen simpática de un bebé tratando de desplazar con su mano la superficie de un portarretrato antiguo, suponiendo que se trata de una pantalla *touch,* no implica que haya nacido con un nuevo "chip" en la cabeza para la tecnología, como comúnmente escuchamos, sino que simplemente a él y a los niños de hoy les tocó vivir en esta época. Ellos ya no vivieron, como la generación anterior, la transición hacia una comunicación globalizada e inmediata que generó la creación de Internet. Esa generación, a su vez, nació con la televisión, y años antes, otra con la radio, que de igual modo vivieron una revolución en ese entonces "con las nuevas tecnologías" que amenazaban los valores familiares.

No podemos dar marcha atrás: prohibir a los niños el acceso a la Internet sería dejarlos en desventaja ante sus pares que sí lo tienen. Esto debido a que se quedarían sin la información y sin las experiencias que la tecnología brinda. Por otro lado, la Internet está tan presente en todas partes, que sería utópico creer que si nosotros no les damos acceso, no lo tendrían en otro lugar. Pero tampoco se trata de dejar la puerta totalmente abierta para que dañe la integridad emocional de los chicos con material de alto contenido violento, ni tampoco permitir que sean enganchados por traficantes de personas por medio de esta red. Se trata de enseñarles a tomar decisiones responsables y conscientes con respecto a su seguridad, tanto física como emocional, al interactuar en la web, y por otra parte, poner en marcha medidas de seguridad para restringir el acceso ilimitado a la información que contiene. El caso que describiremos a continuación tiene que ver con lo que pasa en este mundo virtual.

Una pequeñita de ocho años fue descubierta por su mamá viendo pornografía en su *tablet* mientras estaba en su recámara. Al entrar la madre, la niña se puso muy nerviosa, mientras sostenía el dispositivo en sus manos. La madre se dio cuenta de que algo estaba mal y se armó una trifulca, pues mientras la mamá le exigía a la chiquita que le entregara el dispositivo, la menor la escondía para no dejarla accesible. Así se inició un jaloneo entre ambas, hasta que la fuerza de la adulta se impuso. Al entrar en la *tablet*, la madre no pudo más que sorprenderse, pues se dio cuenta de que su hija estaba viendo pornografía. Trató de calmarse para no gritarle, pero evidentemente su lenguaje no verbal la traicionaba: comunicaba todo el dolor y decepción por lo que estaba sucediendo, mientras la niña, desde luego, sentía toda la carga de culpa y miedo por lo que le podría pasar.

Después de esta lamentable escena, la madre le contó al padre lo que había sucedido. Le dijo que cuando ella le había preguntado a la pequeña por qué estaba viendo eso (pregunta frecuente y poco útil), la niña le contestó que estaba buscando un movimiento de cadera que su profesor de danza le había encargado. La madre, inquieta, revisó el historial y encontró las palabras "sexo" y "sexualidad". Ya más alterada, le preguntó que cómo se le había ocurrido buscar esa información, mientras la pequeña —evidentemente perturbada—, le contestó que solo se le había ocurrido. La mamá, en su desesperación, le dijo que nunca más le iba a tener confianza.

Con este evento, a la mamá se le habían venido encima una serie de fantasmas de su vida personal, que la hicieron sospechar que tal vez su hija estaba siendo abusada sexualmente. Decidió llevarla con nosotros a terapia. Ya en la sesión le hicimos algunas preguntas a la niña para detectar posibles indicadores de abuso sexual, pero no encontramos alguno. Sin embargo, la madre estaba preocupada porque su hija se encontraba muy ensimismada y triste. Pudimos notar que la madre estaba realmente afectada y le preguntamos que si en alguna ocasión ella había vivido algún tipo de abuso en su infancia, a lo que respondió que sí. Recordó, con lágrimas en los ojos, que a los 6 o 7 años, un primo adolescente de doce años se frotaba encima de ella mientras jugaban al doctor. Ella no había podido superar la situación y le hacía estar en constante temor de que sus hijos, en algún momento, pudieran tener la misma vivencia.

Esto es algo muy común: cuando alguno de los progenitores ha vivido alguna experiencia de violencia sexual y no la ha trabajado terapéuticamente, la probabilidad de tener una percepción paranoica con respecto a los riesgos sexuales que pueden correr sus hijos, es muy grande. En todo momento, la persona está a la expectativa de lo que pudiera sucederles, y por otro lado, aparentemente de forma contradictoria, busca señales que le confirmen su sospecha. En muchas ocasiones esa "profecía" se cumple, pues entre las "soluciones" que implementa para proteger a los niños y adolescentes, está comúnmente el ocultarles toda la información referente, tanto a la educación de la sexualidad, como a la de prevención del abuso sexual, sin darse cuenta de que los deja vulnerables.

Afortunadamente este no era el caso, pues los padres habían sido muy responsables y cuidadosos. Le habían dado información de prevención del abuso a la pequeña, por lo que contaba con los conocimientos para identificarlo y en caso de ser necesario, defenderse. Sin embargo, tenía mucha curiosidad sobre los temas de sexualidad y había tratado de satisfacerla buscando información a través del medio más accesible y natural para ella: Internet. Pero lo que no tomaron en cuenta, ni ella ni sus padres, es que el acceso libre a la red, hace que cualquier persona se interne en un mundo infinito de información y posibilidades, en cualquier sitio y momento, como lo es la pornografía; las personas y empresas que la producen, hacen que aparezcan recuadros en las páginas que versan sobre otros temas, sabiendo que llamarán la atención de niños y adolescentes.

Como en los casos anteriores, las soluciones que los padres habían puesto en práctica, en lugar de resolver el problema, lo complejizaron aún más. Presionar a la pequeña para que dijera "la verdad" o decirle que ya le habían perdido toda la confianza, provocó que ambas partes se alteraran más y que la pequeña se pusiera a la defensiva y evitara tocar el tema. Estos comportamientos hacían que aparentemente la profecía de la madre se cumpliera, pues para ella eran signos de un posible abuso; la actitud retraída y la tristeza profunda de la niña, confirmaban a la madre sus sospechas.

En el caso del padre, aunque trataba de participar, se quedaba al margen, haciendo que la madre percibiera que él no tenía interés en lo que estaba pasando, sintiéndose desamparada y abandonada a su suerte. Por lo tanto, lo primero que hicimos fue parar por completo las soluciones intentadas por los padres. En este caso usamos el *diálogo estratégico*[11] y llegamos a la conclusión de que mientras las aguas no estuvieran en calma, no podríamos ver con claridad lo que había en el fondo, y no sabríamos si la pequeña estaba siendo víctima de abuso o no, ya que podría estar alterada por toda la situación que se estaba suscitando. En caso de que sí estuviera viviendo algún tipo de violencia sexual, no lo podríamos saber, pues las aguas agitadas hacen que las arenas se levanten impidiendo ver lo que realmente está pasando. Esta imagen de un mar

---

11 "El diálogo estratégico o la técnica evolucionada para dirigir un coloquio 'terapéutico' capaz de inducir cambios radicales en el interlocutor… (se) ha llevado a estructurar la primera entrevista como una verdadera intervención más que como una fase preliminar. De este modo, las preguntas han llegado a ser cada vez más estratégicas, las paráfrasis más estructurantes, el lenguaje más evocador de sensaciones y, finalmente, las prescripciones se han convertido en la evolución espontánea del diálogo realizado de forma estratégica, en lugar de una inducción forzada". (Nardone y Salvini, 2011, p.9)

revuelto les calzó muy bien cuando se las compartimos y permitió que las tareas prescritas cobraran sentido. La primera fue que se acercaran a su hija y le ofrecieran disculpas por haberle dicho que ya no le tenían confianza, que habían reflexionado y que confiaban mucho en ella, que ante cualquier cosa que ella quisiera contarles, ellos mantendrían las puertas abiertas y el corazón también. Esta tarea tenía el objetivo de recobrar la buena relación que había hasta antes del incidente, dejando atrás la insistencia de los padres para que la niña les dijera "la verdad", lo cual provocaba en ella una actitud defensiva, de enojo, miedo y encierro.

La segunda tarea fue observar sin intervenir, es decir, aplicar la *conjura de silencio* para dejar de poner en práctica aquellas soluciones que solo habían complicado el problema, como tocar el tema en todo momento. Esto también ayudó a que las aguas recobraran la calma, y poder observar qué era lo que verdaderamente pasaba en el fondo del mar.

Por otra parte, como parte de la estrategia, se le preguntó a la madre si quería trabajar sobre su abuso, ya que aunque no fuimos contratados para ello, lo que le pasó tenía una repercusión importante en el problema que estábamos tratando. Ella accedió y se le prescribió la *novela del trauma*, técnica usada en casos de experiencias traumáticas. Consiste en que todos los días la paciente cuente, a través de la escritura con detalle, los acontecimientos traumáticos vividos, repitiendo la misma historia, una y otra vez. Este recurso se basa en la premisa de que la única manera de salir de una situación así "…es pasar por en medio y distanciarse" (Cagnoni y Milanese, 2010. P. 63).

Para la siguiente sesión la madre llegó con otro semblante, y el padre aún más relajado, expresaba que la niña había recibido muy bien las disculpas de la primera tarea y que a partir de esto notaron cambios en ella, pues la habían visto "más dueña de sí misma", con más confianza y más alegre. En la segunda tarea de la observación sin intervenir, no notaron nada extraño, lo que los hacía sentirse más tranquilos.

Por otro lado, la mamá había hecho su travesía con la novela hacia su dolor, y pese a que sentía que había días que no podía escribir más, lo hizo, y ahora se sentía más tranquila. Aún le llegaban ciertos recuerdos, pero ya no la invadían, como le pasaba por temporadas.

En este tipo de casos, una vez que ya están tranquilas las aguas, se abordan tres temas de suma importancia: el uso de controles parentales para la seguridad de los niños, la implementación de reglas del uso de la tecnología como horarios y lugares de acceso y el cómo satisfacer la curiosidad de los niños sobre temas de sexualidad. En este caso en particular, esta curiosidad fue el motor de la niña para investigar sobre sexo, lo que le condujo a encontrar la pornografía.

Para la tercera sesión, prácticamente ya estaba el problema resuelto, incluso la mamá comentó que ya no tuvo necesidad de seguir escribiendo, y que a la pequeña la seguían notando tranquila. Los papás aprendieron la lección de tener más cuidado con el uso que su hija podía dar a los dispositivos y la importancia de hacer una supervisión constante.

Así que no se trata de emprender una lucha campal contra la tecnología y las comunicaciones, sino de aprender de ellas y proteger a los niños, poniendo en marcha el uso de reglas de la vida real, adaptadas a la vida virtual.

La joven que no sabía si salir del clóset

No deja de sorprender que en pleno siglo XXI, aún existan personas en la sociedad, con prejuicios y falta de información, que piensan que la homosexualidad y bisexualidad son aberraciones que deberían "curarse" y/o prohibirse. Otras en cambio, presumen de ser "abiertas" y expresan que no tienen ningún problema con estas preferencias, pero que "con ellos no se metan", como si ser homosexual fuera sinónimo de acosador o depredador sexual. Estas personas no se dan cuenta de cuan afectadas están por creencias erróneas arraigadas en la sociedad, hasta que les toca vivirlo con algún familiar, particularmente con un hijo, cuando declara abiertamente que es homosexual o bisexual.

Una chica de 16 años, con un discurso muy inteligente y claro, expresó con sinceridad que su mamá la había mandado a terapia por su "sexualidad". La chica lo que buscaba era aclarar lo que pensaba, sentía y lo que era. En terapia reveló que tenía la capacidad de enamorarse tanto de hombres como de mujeres, pero tenía miedo de "salir del clóset", pues seguramente sus padres no lo entenderían.

Efectivamente, la madre, quien la acompañaba a las sesiones, no estaba de acuerdo en que su hija fuera homosexual, pero ni siquiera sabía que su hija realmente se reconocía bisexual. La madre sintió angustia y dolor al enterarse, a través de *Facebook*, que su hija se estaba "exhibiendo" con una niña que decía ser su novia. También le encontró conversaciones amorosas en el celular con otra chica. Esto le ocasionó un sentimiento de rechazo abierto a la orientación de su hija, e incluso, en algunas ocasiones le había llegado a decir que le daba asco.

Lo que deseaba la joven era salir del clóset ante su familia: tener una pareja mujer, que la aceptaran y se sintiera cómoda con su orientación. Los dos primeros deseos sí estaba en sus manos cumplirlos, pero el tercero se trata de un proceso, a veces lento, que muchas familias con esquemas tradicionales no aceptan tan fácilmente. Sucede que a veces los familiares se sienten lastimados y traicionados ya que no entienden que la orientación sexual no es voluntaria, ni tampoco es una elección que se hace para afectarlos intencionalmente.

A la adolescente se le pidió cuestionarse si en realidad este era el momento más adecuado para salir del clóset. Se le plantearon tres posibles momentos alrededor de los cuales pudiera reflexionar: el primero era que podría hacerlo ya, el segundo hasta cumplir los 18 años —la mayoría de edad en México— y el tercero cuando terminara su carrera universitaria. Para la siguiente sesión llegó convencida de que este no era el momento idóneo para hacerlo, y que más bien tenía que ir preparando a su familia.

Así que, a sugerencia nuestra, través de la *técnica del escalador*[12] planeó los pasos a seguir para abrir su orientación con su familia: primero les presentaría una pareja hombre (aprovechando su condición bisexual), más adelante les dejaría a los padres información escrita en lugares comunes de la casa para que la leyeran, posteriormente les presentaría amigas cercanas y después una pareja mujer. Este último paso estaba planeado para llevarse a cabo hasta que cumpliera los 18 años.

Durante la sesión que tuvimos con la mamá, buscamos entrar en sintonía con sus sentimientos, pero sin revelar el secreto de la chica; se hizo primero una intervención de tipo psicoeducativo. Le explicamos que era nuestra obligación como terapeutas y sexólogos informarle que desde la ciencia, las orientaciones o también llamadas preferencias sexuales —como la homosexualidad y bisexualidad— no eran enfermedades, errores o traumas del pasado, ni tampoco eran resultado de faltas cometidas por la familia (Riesenfeld, 2000), que ni siquiera era una decisión personal, como se pensaba antes, sino más bien se trataba de condiciones que se descubren a través de sensaciones. También le explicamos que hicieran lo que hicieran los miembros de la familia, si los hijos eran homosexuales no habría nada que lo pudiera evitar. De manera estratégica se le dijo que aún no era posible saber si la chica era homosexual, por lo

---

12 Es una técnica de la Terapia Breve Estratégica donde se coloca una meta final como si fuera en la punta de la montaña, y a partir de la cual se van planeando pasos previos que le facilitarán la llega a la meta principal (Nardone, Mariotti, Milanese y Fiorenza, 2005).

que se le pidió que como familia, observaran sin intervenir. Nuestra intención claramente era la de bloquear las soluciones intentadas que reiteradamente habían complicado más la situación.

Se le preguntó a la madre qué era para ella lo más importante, si la orientación de su hija, o que fuera una persona sana y feliz, de tal manera que su foco de atención fuera la promoción del bienestar de la joven y no su preferencia sexual. Evidentemente la madre tenía muchos sentimientos encontrados y para estas situaciones se prescriben *cartas de rabia o dolor*, según sea el caso. Esta estrategia sirve para decantar todos esos sentimientos revueltos, producto de una serie de creencias y prejuicios que permean la percepción y sensaciones de los padres.

Durante el seguimiento de este caso, la joven inició una relación con un chico, con lo que le dio tranquilidad a su madre porque eso la hacía confirmar que su hija era heterosexual. En este ejemplo aplica la frase "mentir diciendo la verdad", ya que, por una parte, si la chica realmente era bisexual, no estaba mintiendo sobre su orientación al andar con un varón, pero en caso de que fuera heterosexual, con las soluciones intentadas por parte de los padres ya bloqueadas, seguramente la joven ya no tendría que luchar con nadie y de forma espontánea se daría cuenta si realmente era heterosexual.

Ella misma entendió que debía ser discreta y evitar "subir" su vida privada a *Facebook*, esto en lo que la familia se iba preparando para aceptar y reconocer su orientación sexual. Ya en la última sesión, la madre de la chica estaba más tranquila y aseguró que ya no le revisaba el celular y que habían recobrado la relación sin agresiones ni malos tratos que tenían antes del incidente.

A propósito de este caso, es fundamental compartir algunas reflexiones y sugerencias prácticas, tanto para los jóvenes que están por salir del clóset, como para los padres que se están enfrentando a esta situación.

Para los jóvenes

En muchas áreas de su vida están pasando por una etapa de confusión y están en la búsqueda de su identidad. Desde luego que la orientación sexual es una de esas áreas que el joven adolescente está descubriendo. Si bien es esto cierto, realmente es alrededor de los 10 años cuando los chicos y chicas se dan cuenta, por primera vez, que otra persona les atrae sexualmente (Ryan, 2009).

Para muchos jóvenes, experimentar sexualmente con otros de su mismo género solo se trata de una etapa transitoria. Por lo tanto, no deben de precipitar la decisión de "salir del clóset", lo recomendable es acercarse a grupos de pares que estén viviendo la misma situación, profesionales serios y éticos que los puedan orientar, así como consultar bibliografía basada en evidencias científicas que les ayuden a entender lo que están pasando.

En el caso de que algún joven ya esté seguro de su orientación sexual, lo siguiente que debe reflexionar es si está cómodo con ello, de lo contrario, lo más recomendable es que postergue la decisión de abrir el tema con sus padres, pues el hacerlo requerirá de mucha fuerza y seguridad personal para poder afrontar las vicisitudes del camino que va a iniciar. En caso de que cuente con los recursos internos para hablar sobre ello, debe pensar si este es el mejor momento para hacerlo. Lo que le recomendamos es no hacerlo mientras los padres discuten o cuando haya problemas graves en el sistema familiar (enfermedades terminales, la muerte de algún miembro o amigo, o bien durante una racha de problemas económicos).

La razón por la que el joven decide abrir el tema es de suma importancia: si lo hace desde la necesidad de recibir amor y apoyo por parte de la familia, es un buen motivo; si lo hace desde el desquite o para lastimarlos, no es lo más saludable, pues lo que logrará será un mayor distanciamiento y desunión entre él y sus familiares.

También otro aspecto que es importante precisar es quién debe de decidir abrir el tema. La decisión, sin lugar a dudas, tiene que ser del protagonista de la historia. El joven no puede hacerlo por complacer a su grupo de pares o a un adulto (amigo, familiar o profesional) que desde su punto vista considere que es lo más adecuado. Por otro lado, si se tiene la sospecha o la certeza de que los padres al enterarse le retirarían el apoyo económico, lo correrían de la casa, o lo violentarían física y/o emocionalmente, lo más recomendable es que postergue su decisión hasta que logre una independencia económica.

En muchos casos, al no haber información o una aceptación por parte del sistema familiar, el chico o chica busca tener contacto con personas o grupos desconocidos en las redes sociales, y en muchas ocasiones, termina, o mal informándose con otros chicos que están pasando por lo mismo o por una situación peor, o en caso extremo, enganchado con bandas de tratantes de personas que explotan su necesidad de apoyo y comprensión. En ambas situaciones no encontrará eso que busca y muchas veces le aconsejarán, erróneamente, rebelarse contra los padres o que huya de su casa.

Para los padres

Por su parte, el proceso por el que pasan los padres es muy similar al del duelo que describe Elisabeth Kübler-Ross (2006) ya que para muchas familias, el que el o la joven tenga una orientación distinta a la heterosexual, es como si su hijo o hija hubiera muerto. Papá y mamá atraviesan todas las etapas del duelo: primero la negación, la ira, después la negociación, la depresión y al final la aceptación. Este proceso puede durar desde seis meses hasta dos años. Si bien es cierto que se vale pasar por este duelo, lo que no se vale es que los padres maltraten o violenten a sus hijos física y/o emocionalmente, pues esto los orillaría a hacer lo que más temen: ponerse en riesgo. Al respecto, las reacciones de algunos padres son las siguientes:

• Negar lo que está pasando, arguyendo que solo se trata de una etapa de confusión —aunque en algunos casos es cierto, generalmente no es así—.

- Retirar al chico o la chica de prácticamente todos sus círculos de amistades porque piensan que son mala influencia y un factor de su "confusión".

- Obligarlo a deshacerse de toda indumentaria u ornamentos que se asocien con lo homosexual.

- Invadir su privacidad buscando en sus pertenencias personales indicios de cualquier cosa que evidencie que aún anda en "malos pasos".

- Vigilancia excesiva en la interacción con sus hermanos u otros familiares más pequeños, por suponer que su orientación es una "perversión" sexual o que el joven o chica pudiera ser un mal ejemplo para ellos.

- Amenazarlo con retirarle el apoyo económico, sacarlo de la escuela, golpearlo o hasta correrlo de la casa.

De igual modo, muchos padres piensan que ellos tuvieron la culpa, que algo hicieron mal como para que su hijo resultara homosexual. El padre del mismo género que el hijo homosexual cree que no fue un modelo fuerte de masculinidad o feminidad. Aquellos que son solteros, ya sea por divorcio, separación, viudez o decisión propia, consideran que no hicieron lo suficiente para "haber sido" la figura paterna y materna que él o ella necesitaba.

Con relación a los sistemas familiares de los jóvenes, desde nuestra experiencia, son tres las reacciones típicas cuando salen del clóset:

1. La aceptación total después de un proceso de acomodos y cambios internos, en donde incluso los lazos afectivos

se estrechan aún más, ya que ahora la relación se basa en la honestidad y el amor incondicional de sus integrantes. Concluyen que más que querer cambiar a sus hijos, lo que desearían es cambiar la sociedad homofóbica en la que vivimos.

2. La aceptación parcial de los hechos, ya que hay un momento en que los padres ponen límite a la discusión del tema, pues las fronteras de sus valores han sido vulneradas y prefieren postergar el afrontar la situación en lo que se sienten cómodos para retomarlo nuevamente. Lo que expresan es que aman a su hijo pero no aceptan su orientación o estilo de vida.

3. La última postura es totalmente de rechazo hacia el tema. Suponen que todos los aspectos negativos de la vida del joven, son culpa de su "confusión". Lo amenazan con retirarle todo su apoyo e incluso llegan a cumplirlo. Lo que sucede en realidad es que sus valores están tan arraigados que les resulta inconcebible que su hijo tenga una orientación diferente a la heterosexual.

Por otro lado, se ha demostrado, a través de diferentes investigaciones, que entre más apoyo hay de los padres hacia los hijos con orientación diferente a la heterosexual, estos desarrollan más habilidades efectivas para enfrentar la discriminación y las vicisitudes que la sociedad les plantea en la vida cotidiana, conservando un alto grado de autoconfianza, seguridad en sí mismos y ante los demás (Ryan, 2009; Riesenfeld, 2000). Si sucede lo contrario, los jóvenes buscan afuera del núcleo familiar, ya sea con sus amigos, en instituciones o agrupaciones esa ayuda, comprensión y aceptación incondicional. Pero solo algunos de ellos tienen suerte de caer en buenas manos, mientras muchos otros solo encuentran rechazo y desinformación, lo que los lleva a sentirse aún más confundidos y a enfrentar problemas graves como las adicciones o el caer en la delincuencia.

Para finalizar este apartado, queremos expresar que no se trata de juzgar o enjuiciar el proceso que vive cada una de las familias que enfrentan una situación de este tipo, y menos en particular el de los padres de hijos gay, pues sabemos que el camino que tienen que recorrer no es sencillo. Sin embargo, queremos invitarlos a abrir la mente a la diversidad y a que más que etiquetar a los demás por su orientación sexual o por cualquier otra característica, es importante verlos como seres humanos.

El niño que no sabía si era gay

Es muy triste ver sufrir a un niño de doce años y más cuando le asaltan temores tan invalidantes como el de este pequeño que de pronto pensó que podía ser gay. Desde la primera cita nos expresó su inquietud: "no sé si quiero ser gay, de pronto empecé a sentir que me atraen los hombres". Al respecto quisiéramos aclarar la diferencia entre los pensamientos obsesivos invasivos que dominaban al pequeño y una homosexualidad egodistónica, que tal como la define el DSM IV (en el DSM V ya no aparece), se refiere al conflicto y rechazo que sienten las personas con respecto a su orientación sexual. Las soluciones que el niño había intentado acrecentaban la naturaleza obsesiva del problema: se daba cuenta que no tenía el control de sus pensamientos con respecto a su orientación, sino que además pensaba que a sus padres les podía pasar algo y no sabía qué ni por qué. Estos desembocaban en crisis de llanto, preocupación excesiva en el cumplimiento de sus tareas escolares, miedo a cometer errores, entre otras tantas manifestaciones.

El pequeño nos confió que una vez en un video de uno de sus grupos favoritos, vio cómo dos hombres se besaban. En ese momento surgió la duda de si él podría ser gay porque con esta imagen se había dado cuenta que le agradaba ver a otros niños. A esta se sumaron otras experiencias: en una tuvo sueños con un hombre "joto"[13] y en otra, cuando estaba en un mercado, al ver a un hombre le llegó el pensamiento de que le gustaba y eso le angustió mucho. Estas situaciones le hicieron pensar automáticamente que le gustaban los niños físicamente. En una de sus frases dejó ver lo doloroso que era esta conclusión para él: "si sigo así, yo me quiero matar". Cuando le preguntamos si realmente le gustaban los hombres dijo que no, pero no sabía porque pensaba eso.

Los padres decían que sostenía una lucha constante con él mismo, al grado de darse de puñetazos, no querer convivir con sus primos, dejar de comer y hasta en algunos días tener diarrea por todo lo que estaba viviendo. Su estado

---

13 Es lo que peyorativamente en México y ciertos países latinoamericanos se les llama a los homosexuales.

de ánimo iba de mal en peor: estaba serio, distante y ensimismado.

Los padres tenían una excelente relación de pareja y eran dos personas muy responsables con su paternidad, por lo que eran muy comprensivos con lo que estaba sucediendo. Le decían frases a su hijo como: "estás muy chiquito para elegir uno u otro camino" (refiriéndose a la orientación), "cualquier cosa que elijas, te vamos a apoyar", lo que lo hacía sentirse más miserable, pues daba por hecho que sus padres, por ser más maduros, se daban cuenta que él efectivamente era gay. Esto nos recuerda la frase de Oscar Wilde de su novela *El retrato de Dorian Grey* (1890/2016): "las peores obras están hechas de las mejores intenciones".

Haciendo caso a los temores de los padres, también exploramos si había indicadores de abuso sexual, lo cual no fue así y se descartó la posibilidad. Los padres, tratando de darnos más información para valorar el caso, refirieron que el pequeño ya había tenido novia y que nunca lo habían visto jugar con muñecas, ni querer usar ropa de niña. Al respecto cabe aclarar, que aun hoy en nuestra sociedad existe la creencia de que jugar con muñecas es un factor determinante para que un niño sea catalogado como homosexual; al contrario, que si en algún momento ya tuvo novia, esto "garantiza" que sea heterosexual.

Los padres trataban de convencer al pequeño, con argumentos lógicos, que no era homosexual, pero ese intento por solucionar el problema, aumentaba más su gravedad, pues el pensamiento obsesivo se hacía cada vez más fuerte.

Los padres no hallaban qué hacer y prácticamente ese era el tema alrededor del cual la familia giraba casi todo el día: el niño tratando de controlar ese pensamiento y los padres sufriendo angustia por no saber qué estaba pasando con su hijo.

La primera tarea que se les encomendó fue que el pequeño tuviera un tiempo de media hora para expresar todos sus miedos a ser homosexual (*púlpito*), mientras los padres lo escuchaban en silencio absoluto; durante el resto del día no se tocaría para nada el tema (*conjura del silencio*).

A la mamá se le encargó una tarea especial, puesto que era la más preocupada: escribir diariamente, cada vez que aparecieran, todos sus miedos de lo que podría sucederle a su hijo (*diario de abordo*). Esta actividad tenía dos propósitos, por una parte decantar toda esa angustia que sentía, y por otra, mostrar seguridad ante su hijo, facilitando el cumplir con la conjura de silencio que se le había encargado a toda la familia.

Al pequeño también se le prescribió *el diario de a bordo*, es decir, cuando le llegaran "esos pensamientos" tendría que escribirlos o dibujarlos; se le dijo que se trataba de una tarea que nos permitiría conocer al enemigo (los pensamientos obsesivos). En realidad, esta actividad, más que diagnóstica, es terapéutica, ya que la atención se centra en otra cosa que no sea el síntoma, en este caso, sus pensamientos obsesivos. Basándonos en la estratagema china de "surcar el mar sin que el cielo lo sepa" (Nardone y Balbi, 2009; Nardone, 2012; Nardone, 2002; Magi, 2009), buscamos enfocar la atención a otro punto que no fuera el problema. Así también se bloquea la solución intentada de querer controlar los pensamientos, la cual culminaba en que el niño perdiera el control. Para la segunda sesión, la familia ya se mostraba más tranquila; dijeron haber empezado a notar cambios, pues ya veían a su hijo "más feliz" en la escuela, ya tenía más contacto con sus compañeros, en especial con una niña que se acercó a él. Estas situaciones le fueron agradables y el pequeño llevó su *diario de a bordo* donde decidió escribir en lugar de hacer dibujos y cuyo efecto fue tranquilizante. Esta herramienta se siguió utilizando conforme a la necesidad del pequeño.

Durante las siguientes sesiones se trabajó en la consolidación, pues los padres se dieron cuenta de que el chico, de vez en cuando retornaba al tema de la supuesta homosexualidad o al temor a ir a la escuela, esperando la reacción de sus padres, pues había logrado su atención como ganancia secundaria. De tal suerte que los padres, pero sobre todo la mamá, empezaron a asumir una actitud más firme, empujándolo a que él mismo resolviera sus problemas escolares. Por otro lado, al ser padres tan eficaces, fue necesario prescribirles la tarea de ser padres "saludablemente ineficientes": cometer de vez en cuando alguna falla a propósito, rompiendo así el sobreinvolucramiento no saludable que mantenían ante el problema de su hijo.

Al final del proceso terapéutico, la madre concluyó que "todo exceso hace daño", "fomentábamos una inutilidad en ellos (sus hijos)", "me preocupaba de más" haciendo alusión al tema de la sobreprotección. Cabe aclarar que no estamos negando que el niño sufriera, de hecho, todo trastorno basado en el miedo, es uno de los más incapacitantes en la vida de cualquier persona; cuando ya está atrapada en la vorágine del temor, difícilmente una explicación racional la sacará del atolladero, por el contrario, muchas veces termina hundiéndola más.

Lo que queremos resaltar en este caso, es que tratar de controlar los pensamientos, darle consuelo explicándole que si fuera homosexual lo aceptarían con su orientación, hablar todo el tiempo del tema, estar disponible para el niño las 24 horas del día en las pequeñas crisis, es como colocar fertilizante a una hierba que no se desea que crezca. Las soluciones intentadas eran parte del problema.

Es por eso que la terapia se enfoca en romper esos círculos interaccionales de comunicación que mantienen al problema; usando un lenguaje persuasivo, donde a través del descubrimiento en conjunto se acepten las tareas encomendadas, basadas, muchas de ellas, en lógicas no ordinarias (Nardone y Balbi, 2009)[14] que van acordes con la lógica que hace que el conflicto sobreviva y crezca.

La niña que "despertó a la sexualidad"

El título de este caso lo redactamos de esa manera con doble intención: explicar lo que vivía esta chiquita y aprovechar

---

14 Estas se explican ampliamente en el capítulo 6: "Intervención estratégica. Reflexiones a modo de conclusión".

el caso para esclarecer la confusión que aún existe entre el uso de los términos sexo y sexualidad. Iniciaremos con este segundo objetivo. El sexo se refiere a la parte biológica, que desde luego incluye nuestros órganos sexuales y la reproducción (Alvarez-Gayou, 2001), que de forma coloquial también hace referencia a las relaciones coitales. En cambio, la sexualidad implica las manifestaciones psicológicas, sociales y culturales que giran alrededor del sexo/género, es decir, es un concepto mucho más amplio que el primero.

Por esa confusión, cuando se dice que un niño "despertó a su sexualidad", desde el imaginario social, se asocia a un erotismo adulto, a lo coital y a la reproducción, aunque no se diga abiertamente. Este fue el caso de una niña de cinco años que en la escuela se bajó los pantalones y sus compañeros la empezaron a tocar, jugando al doctor, como lo hacen típicamente los niños de esa edad. Solo que en esta ocasión, la niña quería seguir jugando y uno de sus compañeritos ya no. Como antecedente de este suceso, supimos que la niña jugaba con una vecina de 10 años que le platicaba sobre cuestiones sexuales.

Volviendo al evento de la escuela, la situación se complicó cuando una de las profesoras los descubrió y mandaron llamar a los padres para que pusieran cartas en el asunto. Con esta reacción podemos ver claramente, que aun cuando las secretarías o ministerios de educación de los diferentes países incluyan temas de sexualidad en sus programas, la ausencia de capacitación a los profesores los deja vulnerables para afrontar este tipo de situaciones. Los docentes no cuentan con las herramientas para evitar que ante situaciones de este tipo, se enrarezca el ambiente y se promueva el caos al ver problemas donde no los hay.

Por otro lado, las historias sexuales de los padres o cuidadores tienen mucho peso en los significados que le dan a las conductas sexuales de sus hijos. En este caso, la madre había vivido abuso sexual en su infancia, lo que hacía que este tipo de juegos cobraran gran impacto en ella, lo cual le removía sentimientos guardados profundamente en su propia historia de vida.

A la pequeña le hicieron pruebas psiquiátricas y le diagnosticaron inmadurez neurológica. Esta acción, más que ayudarla, la había "encerrado" en una categoría médica que la invalidaba y que no estaba acompañada de una prescripción que dijera cómo apoyarla. Los padres, desesperados, lo que más deseaban era contar con las herramientas idóneas para ayudarla a tener un desarrollo saludable con relación a su sexualidad.

Para iniciar la intervención, en la primera sesión les preguntamos si la niña tenía claro algunos aspectos básicos para su edad, relacionados con la sexualidad, que ya hemos mencionado con anterioridad como:

- Conocer las partes de su cuerpo, incluyendo sus órganos sexuales.

- Saber que todo nuestro cuerpo es privado y que hay partes que son delicadas o íntimas como lo son los órganos sexuales y los "hoyitos" de nuestro cuerpo.

- La diferencia entre conductas públicas y privadas, y la ubicación de los lugares de nuestra casa y escuela en los que se pueden hacer unas y otras.

- El respeto a la privacidad y las reglas básicas de convivencia con los demás (Álvarez, 2017).

Ante todas los padres expresaron una rotunda negativa, pues nunca se les había ocurrido que eso se tenía que socializar con la pequeña a través de un proceso psicoeducativo.

Con esta conversación se demuestra lo que hemos subrayado a lo largo de este texto: no hablar con los niños de sexualidad crea más caos y trae consigo consecuencias que lamentar. De ahí que la frase de "si crees que la educación de la sexualidad es peligrosa, prueba la ignorancia"[15], tenga un fuerte impacto al tratar estos casos y en el trabajo sobre prevención del abuso sexual.

Así es que se propusieron dos tareas básicas para los padres. La primera fue dar toda esta información a través de juegos (Álvarez, 2017), creando un ambiente de amor y comprensión para la pequeña, donde no sintiera que estaba siendo juzgada. La segunda tarea fue poner en marcha tres pasos para implementar reglas básicas de convivencia dentro de casa y en la escuela, que son:

1. Poner las reglas por escrito.

2. Establecer las consecuencias si esas reglas no se cumplen.

3. Ponerlas en marcha serena y consistentemente: las autoridades, en este caso papá y mamá, debían estar lo más

_____
15 Comunicación personal la psicóloga y sexóloga Rinna Riesenfeld.

de acuerdo posible al aplicarlas, sin contradecirse delante de la pequeña (Velarde, 2016).

La siguiente cita se programó un mes después para ya poder ver resultados. Para sorpresa de todos, incluso de nosotros, en esta segunda sesión los padres expresaron haber atestiguado un avance entre el 95 y el 100 por ciento debido a que la niña comprendió claramente las reglas de convivencia. Siguió jugando al doctor pero ahora era una veterinaria (tuvo que hacer una variación —muy sabia— al juego), y sus compañeros, en lugar de niños enfermos, ahora se imaginaban ser animales. La escuela ya no había reportado ninguna conducta "disruptiva". En cuanto al antecedente que mencionamos del caso, la niña ya no quiso ir a jugar con la vecina de 10 años, poniendo ella misma un límite a una situación que le causaba ansiedad, pero que antes no sabía cómo pararla.

Otra frase que este caso nos recuerda es una anónima que dice que "los problemas más sencillos nosotros mismos los volvemos más complicados", y más cuando se tratan temas tan cargados de emotividad como la sexualidad. La cual, por una parte es atrayente para todos, por los muchos estímulos que a diario recibimos de los medios de comunicación, pero por otra, es repulsiva para algunos, debido a los mensajes negativos que de ella se han transmitido por años, de generación en generación. Pero aún se vuelven más incomprensibles y complejos, cuando se trata de problemas relacionados con conductas sexuales infantiles; aunado a la mezcla de emociones que nos provocan, despiertan el temor tan arraigado de que su causa se deba a un posible trastorno o a un abuso sexual.

La niña que no podía dejar de ver pornografía

Este ha sido uno de los casos que más nos han conmovido, pues si bien es cierto que el síntoma era algo que a todas luces tenía un impacto enorme, tanto para los profesores como para los padres, una vez controlado, nos percatamos de que el problema de fondo estaba relacionado con el vínculo. El mejorar cómo se relacionaban sus padres con la chica de 12 años era la verdadera necesidad de esta pequeña que había llegado a terapia porque veía pornografía desde los 9 años.

Esta adolescente empezó a ver este tipo de material porque una amiga de su misma edad se lo mostró mientras la visitaba en su casa. Después, por propia iniciativa empezó a buscar más pornografía en Internet, lo que la condujo a entrar en contacto con la zoofilia. Esta situación creó mucha conmoción entre el personal de la escuela a la que asistía, quienes expresaron su preocupación y sugirieron ayuda profesional.

Al entrevistarla, de entrada estaba muy renuente a colaborar, de hecho ni siquiera nos veía a los ojos. Nos dimos cuenta que antes de aplicar cualquier estrategia, era importante construir una relación de confianza donde no se sintiera juzgada, sino comprendida. Aquí es importante hacer un paréntesis, pues de inicio, el escuchar una historia de este tipo hace que se juzgue a la pequeña como si fuera un adulto y un ser perverso. Pero a decir verdad, esta joven ha sido una de las niñas más dulces y sensible que hayamos conocido.

Poco a poco se fue creando una relación de mucha confianza donde la chica reconoció que se sentía dividida. Una parte de ella deseaba ver pornografía sin control, y la otra no, decía sentirse rara al actuar en contra de su voluntad, lo cual la ponía triste. En hipnosis a esto se le conoce como *estados del YO*, es decir, partes o roles que nos conforman y que actúan en distintos momentos y circunstancias (Abia y Núñez, 2012). Por ejemplo, algunos de nosotros tenemos un YO extrovertido que se muestra en ciertos contextos; en otros se manifiesta un YO introvertido que se repliega ante ciertas circunstancia o personas, y en otros más, un YO planificador, un YO caótico, un YO alegre, un YO melancólico, un YO trabajador, un YO flojo… El problema se suscita cuando dos o más estados entran en conflicto, pues uno desea tomar una dirección en particular, mientras el otro toma una dirección contraria. La solución terapéutica es indagar cuáles son las necesidades que cada uno de estos estados del YO demanda, y conciliar de manera creativa las dos posturas.

En el caso de esta adolescente, el YO que quería ver pornografía necesitaba desesperadamente afecto y cariño; el otro YO, deseaba evitar las consecuencias y los efectos nocivos en su entorno social por ver este tipo de material para adultos.

Uno de los aciertos —revolucionario, por cierto— de la terapia breve estratégica es facilitar y acelerar el proceso de desbloqueo, lo que hace que los síntomas dejen de ser incapacitantes y las personas puedan afrontar las situaciones que en el día a día se les presentan. A simple vista parece algo muy sencillo, y de hecho lo es, pero la "magia" está en saber cuál tornillo de toda la maquinaria se debe de apretar; cuál es el que está vinculado directamente al problema para no perder tiempo en docenas de sesiones con evaluaciones que perpetúan el sufrimiento de las personas y de familias enteras.

Todo esto lo traemos a colación porque en las primeras sesiones la pequeña ya había dejado de ver pornografía (necesidad del segundo YO); lo que se intentó trabajar en la fase de consolidación fue el vínculo de ella con los padres (necesidad del YO que quería ver pornografía). Lamentablemente no se logró, ya que el papá y la mamá estaban separados y había entre ellos una guerra donde en medio se encontraba la chica, a la cual le era muy difícil quitarse de ahí. Los padres tenían conflictos muy fuertes que no les permitían crear una relación nutritiva con la chica que tanto ella anhelaba.

Regresando al tratamiento del caso, las estrategias planteadas para desbloquear la compulsión con la pornografía fueron las siguientes: la pequeña llevaría un *diario de abordo* en donde cada vez que sintiera ganas de ver pornografía escribiría o dibujaría lo que sintiera, pensara o experimentara en ese momento, con todos los detalles posibles; también se prescribió la *conjura del silencio* entre la mamá y la hija sobre el tema, ya que en las últimas semanas ese había sido el centro de conversación entre ellas, lo cual alimentaba aún más el problema; en la tercera estrategia se puso un límite: no tener disponible ningún dispositivo que tuviera acceso a Internet cerca de la chica. Esta indicación la adolescente la tomó de muy buena gana, pues en el fondo necesitaba un límite externo que le ayudara a contener ese impulso que no podía autorregular.

Ya para la tercera sesión, la chica (y la madre) reportaba que ya no había sentido ese impulso por acercarse a la pornografía. Si bien es cierto había un límite impuesto, sabemos que hubiera podido brincárselo sin ningún problema, pero la menor había podido domar esas ganas que la llevaban a ver porno.

A partir de esa cita se trabajó en la consolidación, tratando de nutrir el vínculo afectivo solo con la madre, ya que el padre nunca participó en la terapia; solamente se hacía presente a través de dinero, regalos y viajes, sin comprometerse con la relación afectiva con su hija que era necesario recomponer. La pequeña expresaba dolor por la separación de sus padres, así como la necesidad de cariño que difícilmente, desde su percepción, recibía. La madre hacía un esfuerzo, y por prescripción, trataba de interesarse en las actividades de su hija. Hacían cosas juntas como cocinar o caminar, pero esos momentos no llegaban a ser una regla de convivencia, pues una vez que se pasaba el efecto de estos encuentros, nuevamente se desataban batallas campales donde ambas salían lastimadas.

Lo interesante es que ya habían pasado cinco sesiones y el que la niña evitara el contacto con la pornografía, aún se mantenía. El padre, quien aportaba el dinero para las sesiones, amenazó y cumplió con no dar más, pues a su juicio la pequeña seguía igual de "rebelde". No apreciaba los grandes pasos que habían dado la madre y la pequeña, tanto en el manejo saludable de su impulso, como en el esfuerzo por mejorar sus vínculos afectivos. Así que ya no hubo una sexta sesión, por lo que la consolidación quedó a la mitad del camino y la meta de crear vínculos afectivos entre la madre y el padre con la hija, nunca se alcanzó. La demanda de aceptación, acercamiento, confianza, atención, comprensión y cariño que la pequeña pedía a sus padres, quedó sin cumplirse.

Este caso nos hace recordar lo que una de nuestras maestras de psicoterapia, Liliana Velarde[16], nos repetía frecuentemente: "no hagas más de lo que el paciente esté dispuesto a hacer", máxima muy saludable para aquellos que nos dedicamos a acompañar y a ayudar a resolver problemas que los pacientes nos llevan al consultorio. Otro de nuestros grandes maestros, Jorge Abia, nos recomendaba decir a nuestros usuarios: "A ti como consultante te toca el 80% de este trabajo y yo como tu terapeuta hago el 20% restante"; nosotros le agregamos esta frase: "de ese 20% yo doy mi 100%, así que te pido que tú hagas la parte que te corresponde".

---

16 Comunicación personal en sus cursos impartidos.

El caso de Frida. Una niña *trans* que los demás dudaban que existiera

En una ocasión nos llamaron de una escuela porque había una situación que después de varios intentos de abordarla seguía poniendo de cabeza a toda la institución: un niño "biológico", esto es, que nació con órganos sexuales internos y externos de macho (fisiológicamente hablando) de preescolar de cinco años, que aquí llamaremos Fredy, decía ser niña. Se vestía de niña y se hacía llamar con un nombre de niña (aquí la llamaremos Frida), pero lo que realmente llamaba la atención de las profesoras, es que los padres estaban de acuerdo en que lo hiciera. Ellos eran personas muy bien informadas y ya habían acudido con especialistas, dentro y fuera del país, para saber qué estaba sucediendo con Frida.

Por otra parte, en los padres de familia de los compañeros de la escuela, había tres posturas bien marcadas: un grupo estaba de acuerdo en la decisión de los padres de Frida de apoyarla en su transición, otro grupo era indiferente a la situación y el tercero, el más pequeño pero con mucha firmeza, consideraba que eso no estaba bien, que no deberían permitir que Fredy "se hiciera pasar" por Frida y que se trataba de una falta de límites o de un trastorno donde los padres eran responsables por reforzar esta conducta.

Las profesoras nos solicitaron una asesoría, ya que tenían muchas dudas e inquietudes, pues no sabían qué postura asumir como institución educativa. Nos comentaron que desde que ingresó Frida a la escuela, los papás mencionaron que ya tenían un diagnóstico: niña transgénero. Previamente había asistido a otra escuela, pero las autoridades no estaban de acuerdo en que se le permitiera a Frida "hacerse pasar por niña", por lo que no dejaban que llevara el pelo largo o que mostrara cualquier otro rasgo que la identificara con el género femenino.

Las profesoras de la escuela actual estaban muy preocupadas por la situación y buscaron información que les permitiera comprender lo que estaba pasando. Sin embargo, a pesar de todo lo investigado, no estaban tan convencidas de que fuera posible que una niña tan pequeña pudiera identificarse con otro género, pues en ningún documento escrito o material audiovisual (libros y documentales principalmente), se explicaba el porqué de esta condición[17], solo decían que científicamente no se habían esclarecido sus causas.

Las docentes describieron, que de manera esporádica, Frida se vestía de niña al asistir a la escuela y que algunas veces solo se colocaba una diadema en su cabello y nada más. El problema se dio, cuando después de unas vacaciones, Frida ya fue a la escuela totalmente vestida de niña y los padres de Frida pidieron, que en lugar de ir al baño de los niños, se le permitiera usar el de las niñas. Esto hizo que algunos de los padres pusieran el grito en el cielo, expresando su desacuerdo y mucho enojo, aseverando que eso no era lo correcto, que confundiría a sus hijos e incluso les generaría trastornos psicológicos.

---

17 Esto refleja una postura positivista, corriente filosófica del siglo xix, que busca las causas de cualquier fenómeno, para ser llamada científica.

En el caso de los papás de las niñas, les causaba preocupación que sus hijas vieran a una niña con pene orinando de pie y enfrentarse a la dificultad de explicarles lo que estaba sucediendo. Por su parte, algunas mamás expresaban su intranquilidad de no saber qué decir a sus hijos sobre lo que estaba pasando con Frida. Pensaban que dejarles en claro que eso no era "normal"[18] evitaría que más adelante quisieran, al igual que ella, por modelamiento, cambiar su identidad o que les causara confusión, preguntándose "¿hoy soy niña y mañana seré niño?", "mi hermanito es niño y ¿mañana será niña?". Muchas de estas se trataban de preocupaciones hipotéticas, pero otras, realmente eran genuinas, ya que las dudas y preguntas estaban surgiendo en algunos pequeños.

Lo curioso es que en la vida cotidiana, sus compañeritos y compañeritas no manifestaban ningún agravio, confusión o incomodidad, y en muy poco tiempo, ya se habían acostumbrado a tratar a Frida como niña y a que entrara al baño de las niñas. De hecho, la escuela había puesto a una nana a cuidar ambos baños (el de niños y niñas) y nunca reportó ningún contratiempo, es más, refirió que los niños y niñas eran muy respetuosos con Frida, y ella con todos. A diferencia de los adultos, que estaban más preocupados por los órganos sexuales, los peques le daba más atención a los vínculos de amistad que se podrían dar entre ellos.

---

18 La palabra "normalidad" en nuestra sociedad tiene dos connotaciones, por una parte significa lo que es común estadísticamente y por otra lo que es sano o saludable, regularmente ambas se combinan, pues lo que es común se asocia a saludable y lo que no es común se asocia a insano o patológico, en el caso de la diversidad en la sexualidad a lo que no es "normal" (común) se le pone tintes de trastorno o de ser algo malo.

Al respecto de la situación, la directora había tomado la iniciativa de consultar a la supervisora de zona de la Secretaría de Educación Pública. Esta autoridad le había dicho que por ningún motivo los adultos tenían el derecho de molestar a Frida, y que si algún padre de familia quería hablar con ella sobre el tema estaba abierta a hacerlo. También sentenció que se recurriría a la Comisión Nacional de los Derechos Humanos si la agredían por su condición.

En situaciones como esta, es importante no perder de vista que la intervención deberá hacerse en dos niveles: intelectual y emocional. Por un lado, brindar conocimiento teórico sobre la situación, para que se pueda "entender" lo que está pasando, y por otro lado, trabajar en el manejo psicológico de inseguridades, mitos, emociones y sentimientos.

En la asesoría que se les brindó a las profesoras se les explicaron varios conceptos que seguramente aclararían gran parte de las dudas expuestas en ese momento:

• Se les dijo que el término *sexo* hacía referencia a los aspectos biológicos, donde además de los órganos sexuales, también incluían las hormonas, los genes, el cerebro, cromosomas, etc.

• Se precisó que la orientación sexual o preferencia genérica es la atracción erótica y/o afectiva hacia otras personas.

• También que la identidad de género es una condición humana de sentirse hombre o mujer (o ninguna de las dos), que no es aprendida y que hasta ahora se desconoce su origen; que tal vez se genera en centros cerebrales, pero no se sabe exactamente en dónde.

• Se les habló de la expresión de género, la cual es la manera de mostrar nuestra masculinidad o feminidad, independientemente de nuestra orientación sexual o identidad de género. Aquí se les explicó que la identidad de género implica conceptos como transgénero, transexualidad y cisgénero.[19]

Una de las dudas que generaba más preocupación por parte de toda la comunidad educativa era si no había sido muy pronto la transición de niño a niña, a los cinco años. En nuestro rol de especialista les aclaramos que la identidad de género no es algo que se va cambiando, sino algo que se va descubriendo, por lo tanto, a este proceso no le llamamos transición. La transición se refiere al rol genérico; es aquella transformación que se va dando, a veces de manera paulatina, otras veces de forma repentina, en la manera de vestir o presentarse ante el mundo exterior, de acuerdo a lo que la sociedad estipula como un comportamiento típico de hombres o mujeres. Explicamos que esa transición la acompaña la familia, escuchando el ritmo y necesidades del pequeño.

Se cuestionó si en realidad a la edad de 4 o 5 años ya tendría "la capacidad de decidir" si era niño o niña, por lo que se aclaró que no se trataba de que lo hubiera decidido, sino de que lo fue develando; si un niño cisgénero sabía

---

19 Para comprender las diferencias entre transexualismo, transgenerismo y cisgénero revisar el capítulo 2 de conceptos básicos.

muy claramente cual era su identidad, por qué no podría saberlo una niña transgénero como Frida.

Desde luego que no todos los niños que expresen ser niñas significa necesariamente que lo son, ya que podrían estar confundidos en el uso del lenguaje, o puede tratarse de una etapa por la que pasan muchos niños y niñas en la que juegan al otro rol genérico[20] por un pequeño periodo de tiempo. Los criterios para saber si se trata de un niño o niña transgénero son los siguientes:

• Reitera que se siente identificados con el otro género, consistente y persistentemente, durante un periodo de 6 meses o más.

• En muchas ocasiones expresa rechazo abierto hacia sus órganos sexuales por lo que representan socialmente, pues los asocia a un género con el que no se identifica.

• Tiene un fuerte deseo por poseer los caracteres sexuales, tanto primarios como secundarios, correspondientes al sexo con el cual se siente identificado o identificada.

• Busca utilizar vestimentas "propias" del otro género, asegurando ser niño (en caso de niñas biológicas) o niña (en caso de niños biológicos).

• Tiene preferencias marcadas y persistentes por el papel del otro género o fantasías de pertenecer al otro género.

• Tiene una marcada preferencia por los juguetes, juegos o

---

20 Se refiere a la construcción social y cultural de un comportamiento específico, y las expectativas de lo que es ser una mujer (femenino) o un hombre (masculino). Es el modo de comportarse de los hombres y las mujeres según su sexo ante la sociedad.

actividades habitualmente utilizados o practicados por el otro género.

- En los niños biológicos hay un fuerte rechazo a los juguetes, juegos y actividades típicamente masculinos, así como una marcada evitación de los juegos bruscos; en las niñas biológicas se presenta un fuerte rechazo a los juguetes, juegos y actividades típicamente femeninos.[21]

- Manifiesta una marcada preferencia por compañeros de juego del otro género.

También existía una preocupación muy genuina de la influencia que podría tener la familia para "orillar" a un niño a que se identifique como una niña y viceversa, debido a un deseo "inconsciente" por parte de sus progenitores. Esta aseveración se explica a partir de la teoría psicoanalítica, pero hasta ahora no ha podido sostener sus principios con evidencia empírica, y solo se ha quedado en elucubraciones sin ninguna base.[22] La identidad de género no es algo que se puede cambiar debido a un deseo por parte de los padres o a un aprendizaje vicario o modelaje, hasta ahora se sabe que lo más probable es que se trate de un proceso cerebral de orígenes prenatales, particularmente en la etapa perinatal, pero en realidad tampoco existen evidencias contundentes que sustenten esta otra teoría (Barrios y García, 2008).

---

21 Guía de Consulta de los Criterios de Diagnósticos del DSM-V, American Psychiatric Association (2014).

22 En este sentido, Karl Popper (1980), filósofo de la ciencia, decía que el psicoanálisis era una pseudociencia ya que busca en todo momento ejemplos confirmadores que sostengan la teoría, basando su teoría en hipótesis no falsables, aseverando que una teoría que quiere explicar todo en realidad no explica nada.

Los papás, pero más específicamente las mamás, estaban preocupadas porque sus hijos pudieran confundirse y que creyeran que también ellos podían "cambiar de sexo". En efecto los niños tenían ciertas dudas en cuanto a lo que significaba la condición transgénero porque estaban ante un hecho nuevo para ellos y necesitaban "acomodarlo" cognitivamente, pero la causa principal era que ni los mismos adultos sabían de qué se trataba. No conocían las características que lo acompañaban, ni mucho menos podían compartir la información claramente a los niños. A veces les decían frases como "es un niño que quiere ser niña" o "es un niño que le gustan las cosas de niñas", explicación surgida del desconocimiento mezclado con temores sobre esta condición.

Por otro lado, aun cuando los niños tuvieran el término muy claro, desde luego que sería normal su curiosidad, y seguramente los pequeños harían preguntas para comprender un poco más lo que pasaba con Frida, ya que se trataba de un hecho poco común. Si bien los adultos no tenían la suficiente información para comprenderlo, mucho menos los niños, lo cual despertaba miedos, muy válidos en los padres, aunados al carácter de patología que se le adjudicaba a esta condición.

Al respecto, hay que aclarar que los procesos de aprendizaje tienen como base común un periodo lleno de confusión, donde se pasa de no saber que no se sabe, llamada *etapa de la incompetencia inconsciente* (O'Connor y Seymour, 1993) —el caso de los niños que nunca habían escuchado el término "transgénero"—, a una etapa de saber que no se sabe, nombrada *incompetencia consciente*, como cuando escucharon por primera vez el término y surgieron una serie de dudas normales al respecto; la siguiente etapa es cuando *se sabe que se sabe*, pero aún no se tiene dominada la habilidad o no se ha interiorizado el término.

Es justamente entre la segunda y tercera etapa donde los niños ponen en aprietos a los adultos con una serie de preguntas que necesitan ser respondidas para que puedan acomodar internamente este nuevo aprendizaje. El miedo de los padres a que los niños se confundan es normal, al igual que la presencia de confusión en todo proceso de aprendizaje. Esta habla de un estado de desequilibrio cognitivo que poco a poco va a ir "acomodando" el conocimiento recientemente adquirido para hacerlo funcional. En cuanto al miedo específico de que la situación pudiera provocar una confusión de identidad u orientación en los demás pequeños, la mejor estrategia es explicarles, como ya lo habíamos mencionado, que no es una condición que se aprenda y que la identidad u orientación no puede cambiar por voluntad propia.

La cuarta etapa, y a la que se aspira llegar durante cualquier proceso de aprendizaje, es la *inconsciencia del conocimiento*, esto es, cuando hemos interiorizado la habilidad o el término y lo ponemos en práctica sin que tengamos que hacer un esfuerzo para hacerlo bien.

Volviendo al caso, la confusión de los adultos radicaba esencialmente en si se trataba de una condición o de un trastorno, si era algo pasajero o permanente, y en no entender qué estaba pasando con Frida en realidad cuando decía algunas veces que era niño y otras tantas que era niña. A diferencia de otros niños calificados como "afeminados" por su entorno, Frida no mostraba tantos ademanes femeninos, e incluso, muchas veces caminaba "como niño" y pedía hacer "actividades de niño", por lo que el desconcierto sobre lo que en realidad era Frida aumentaba. Se les explicó que se trataba de una condición, y que el hecho de que llevara más de seis meses en esta situación, nos decía que se trataba de una niña transgénero. Que caminara como niño o niña o que le gustaran "actividades de niño o niña", nada tenía que ver con su identidad, pues estas conductas más bien eran parte de la expresión de género, es decir, de una forma de ser como la que cada uno de los seres humanos tenemos en particular, con relación al género al que sentimos pertenecer.

Otro temor era que sus hijos se fueran a "enamorar" de Frida más adelante. Si bien es comprensible que los padres tengan expectativas y sueños de lo que les gustaría que sus hijos fueran, es muy poco probable, que en condiciones saludables de crianza, los hijos tomen decisiones de su vida amorosa en función de cumplir esas esperanzas. Para este temor no había un argumento lógico que se les pudiera dar, pues ellos no podrían ejercer ningún tipo de control para que esto no sucediera. Se les sensibilizó respecto a que se trataba de niños pequeños que aún no tenían prejuicios, pero que en poco tiempo los internalizarían por modelamiento de la actitud de sus padres, provocando miedos y actitudes violentas que los mismos adultos estaban teniendo. La reflexión que les compartimos es que si hay algo de lo que deberían preocuparse en el futuro amoroso de sus hijos, es por que pudieran coincidir con una persona violenta que los orillara a mantener una relación destructiva.

Un factor decisivo a tomar en cuenta en la asimilación y aceptación de la condición transgénero por parte de los alumnos y de los padres de familia, es encontrar la mejor forma de manejar la situación. La escuela también pasa por un proceso y en ocasiones, se pueden consultar fuentes o supuestos expertos que en vez de facilitar un camino saludable de adaptación y respeto, generan confusión y lo más importante, resistencia a un ajuste con respeto y aprendizaje. Algunos profesionales de otras áreas de conocimiento, intentan, desde su "punto de vista", dar opiniones o intervenir, pero desde prejuicios y mitos que tienen ante condiciones que en realidad también desconocen, e incluso rechazan, generando aún más violencia y conflictos en la institución.

Es necesario que la información más completa y actualizada, basada en información científica y no en puntos de vista, la tenga la escuela. Es a la institución a quien le corresponde en este y todos los casos de inclusión, acompañar a la familia, informarse de los aspectos teóricos y de las investigaciones que se han hecho al respecto del tema, informar a la comunidad para evitar discriminación y crear políticas de respeto basadas en valores universales; no solo para proteger a las personas con esta condición, sino a todos los alumnos sujetos de exclusión. Asimismo, independientemente de la orientación o identidad de los estudiantes, la escuela tiene la obligación de incluirlos en los procesos de aprendizaje, como al resto de los niños, así como promover en ellos los valores con los que la institución se identifique.

Es también facultad de la institución educativa proporcionar los espacios que considere adecuados y suficientes para promover valores universales y foros de aprendizaje en la comunidad escolar, conformada por padres de familia, alumnos y colaboradores. Pero también, quienes estén a cargo de la institución deberán tener claro la responsabilidad que tienen en este tipo de casos. Una de las acciones que sí está en su campo de acción, es detectar situaciones o personas que requieren apoyo con profesionistas especializados, para intervenciones más puntuales.

En la escuela de Frida, se convocó a toda la comunidad a una reunión: de un total de 400 padres de familia, solo acudieron 30 mamás, de las cuales la mitad estaban con dudas y a la expectativa; de la otra mitad, una cuarta parte solo iba a recibir información y la otra, tenía una actitud de rechazo ante la situación, acusando, tanto a la escuela como a los padres, de estar "permitiendo" que esta circunstancia se presentara.

Fue una sesión nada fácil, ya que en todo momento, algunas de las presentes planteaban argumentos en contra, aseverando que no podían aceptar que un niño se creyera niña o que tuviera que usar el baño de las niñas, ya que sus hijas corrían peligro de que un "hombre" coincidiera en un lugar privado con ellas, o que al "verlo" orinar, las niñas se confundieran sobre lo que estaba pasando. Evidentemente se trataba de argumentos que revelaban su falta de información y una verdadera confusión entre la sexualidad infantil y la sexualidad erótica adulta. Algunas madres expresaron miedos entendibles, pero basados en prejuicios y en una visión de la sexualidad adultocéntrica y androcéntrica.

Desde luego que era muy razonable que los padres hubieran buscado respuestas para transmitírselas a sus hijos, pero por otro lado, estaban entrando en un terreno que no les competía: la vida privada de los padres de Frida. Eran solo ellos quienes tenían la responsabilidad de buscar la información más actualizada sobre el tema. Ya habían acudido con especialistas; habían consultado las investigaciones más recientes y habían asistido a congresos internacionales. La conclusión era clara: no se trataba de ningún trastorno, sino de una condición llamada *transgénero*. Ellos ya sabían que su hija no era la única que lo presentaba, había muchos casos parecidos que lo manifestaban a temprana edad. Lo que sí les quedaba claro que de lo único que tenían que preocuparse era de los prejuicios de los demás, traducidos en miedo y rabia.

Se les explicó que transgénero no es un trastorno, sino una condición humana que siempre ha existido a lo largo de la historia de la humanidad, solo que hasta ahora se ha visibilizado y se está luchando, a nivel mundial, por los derechos humanos de estas personas. Los niños y niñas saben su identidad desde los 2 o 3 años cuando ya tienen uso del lenguaje, y muchas veces, algunos niños pasan por fases de confusión en cuanto al concepto de lo que es ser niño o niña, pero un niño transgénero mantiene su argumento por un tiempo prolongado (el criterio, como ya se dijo, es de seis meses mínimo, DSM V)[23].

Con respecto a los baños, se informó que ya Frida estaba usando el de las niñas, que había una nana vigilando ese espacio permanente y que hasta ahora no había habido ningún problema. Cada niña entraba a un espacio privado y ninguna había tenido la curiosidad de verificar que hacía Frida cuando también entraba en uno de estos espacios, ni tampoco que ella saliera de ahí para ver qué hacían las demás.

Si bien la mayoría de las personas que asistieron a la junta estaban entre convencidas de que no se trataba de ningún trastorno y que debían de acomodar toda esta nueva información pero que seguirían investigando, una pequeña parte del grupo continuaba en una postura de abierto rechazo al tema y la situación con Frida.

Al respecto, la directora de la institución tomó la palabra y expresó, de manera firme y convincente, el apoyo incondicional a Frida y su familia. Apeló a lo que la Declaración de los Derechos Humanos estipula y al apoyo que ya había recibido de la supervisión a la escuela, para expresar que quien no quisiera tener a su hijo en la institución tenía la entera libertad de llevárselo a otro lugar. Finalizó diciendo que a partir de ese momento ya no haría más para convencerlos de que la situación no ponía en riesgo

---

23 "Disforia de género en niños (302.6, F64.2): Una marcada incongruencia entre el sexo que uno siente o expresa y el que se le asigna, de una duración mínima de seis meses." (p. 239).

a sus hijos, pues ya había recurrido a varios expertos para corroborar su dicho.

La postura de la directora favoreció la dinámica de la sesión, ya que originalmente estas mamás se habían colocado en una posición "uno arriba" (de superioridad) con respecto a la escuela, amenazando con recurrir a autoridades más altas para poner cartas en el asunto; pero en cuanto la directora dejó en claro que contaba con el respaldo de la SEP (Secretaría de Educación Pública) y de la CNDH (Comisión Nacional de los Derechos Humanos), la escuela nuevamente retomó el poder basándose en argumentos científicos y legales.

Más adelante, lo que nos reportó la escuela es que no hubo ninguna baja de la institución. Le recomendamos al equipo directivo ya no seguir contestando las dudas que surgieran y si alguien llegara a expresar su desacuerdo con respecto a la forma de abordar la situación de Frida, se le debía canalizar con los padres para que le pudieran dar "las recomendaciones" pertinentes. En caso de no estar de acuerdo en que sus hijos interactuaran con ella, debían darles la opción de cambio de escuela. Si creían que no era justo que Frida permaneciera en la institución, que les informaran que debían recurrir a las instancias correspondientes, como la supervisión de zona o las oficinas de la Secretaría de Educación Pública.

Este era el seguimiento más adecuado para este caso, ya que cada vez que el equipo directivo repetía la solución intentada de darles razones por las que Frida tenía derecho a permanecer en la escuela, las mamás y papás asumían una postura de oposición, adquiriendo poder sobre la escuela.

Para terminar este apartado, queremos compartir con ustedes el mejor camino para trabajar con los niños este tema.

Cómo explicar la condición transgénero a pequeños de entre 3 y 9 años de edad en grupo

Con un muñeco (de preferencia sexuado) se inicia de la siguiente manera: "Este es un bebé, tiene un cuerpo, tiene sentimientos, tiene pensamientos, gustos, tiene su historia con su familia, sus valores, etc."

Después se les pide lo siguiente: "a ver, quiero que me señalen ¿dónde está su cuerpo?..., ¿qué le gusta hacer?..., ¿qué le ha enseñado su familia?...". Se sigue el diálogo con las siguientes preguntas: "levanten la mano quienes son niñas..., quienes son niños..., los cuerpos de los niños y las niñas ¿son iguales o diferentes?".

Se explica que "las niñas tienen vulva, que es la parte de sus órganos sexuales que está en medio de las piernas (con un esquema acorde con su edad se refuerza esta información); los niños tienen pene y testículos, que son los órganos sexuales que están en medio de sus piernas igualmente. Les quiero platicar que existen niños que en su cuerpo tienen pene pero en realidad son niñas porque dentro de ellas mismas se sienten niñas, y niñas que en su cuerpo tienen vulva pero que son niños porque dentro de ellos mismos se sienten niños, pero esto no es solo de un ratito ni es un juego, sino que pasa mucho tiempo (seis meses mínimo) en el que se siguen sintiendo así. En ocasiones hasta se sienten incómodos con sus cuerpos, pues dicen 'no quiero este pene, yo no me siento niño' y no les gusta jugar, vestirse de niño, ni tampoco jugar juegos de niños o dicen 'esta vulva no la quiero, yo no me siento niña' y no les gusta vestirse de niña ni tampoco jugar juegos de niñas. A estos niños o niñas se les conoce como transgénero y se trata de una condición que no es tan común, pero que existe."

Se les aclara que "no porque a una niña le guste jugar juegos de niños significa que es transgénero o a niños que les guste jugar juegos de niña no necesariamente tienen esta condición; ni tampoco es que a propósito nos convirtamos en el otro género por voluntad o de un día para otro, sino más bien es algo que las personas sienten y lo van descubriendo poco a poco".

¿Qué experimentan los jóvenes en las redes sociales?

"Sabía que estaba mal, no quería seguir haciéndolo, pero tampoco sabía cómo parar". "No es tan fácil apagar el teléfono celular, es mi alarma de las mañanas y no tenía por qué dejar de chatear con mis amigas". "Cometí un error enviando videos íntimos, ni es tan divertido". "Entré al juego por curiosidad y después ya no dejaba de pedírmelos". "Si fuera niña sí hubiera podido decirle que no, pero como hombre es imposible".

No son casos aislados, es el pan de cada día en las redes sociales: padres verdaderamente conmocionados y adoloridos de encontrar "eso" en algún dispositivo electrónico de sus hijos, o alguien que "amablemente" les envío el video o las fotos de sus propios hijos e hijas en escenas eróticas o francamente sexuales.

Ante esta situación hemos elaborado un plan de intervención que se implementa de la siguiente manera:

1. Lo primero es escuchar a los padres de familia, sabiendo que la rabia, el dolor, las dudas, las fantasías catastróficas estarán todos entremezclados en cada sesión. Las primeras dos citas, por lo menos, son para entender cómo ellos significan la situación, las desilusiones, las expectativas no cumplidas y todo el conjunto de mitos y prejuicios que cargan y que hay que desenmarañar. Nos toca ver llorar hombres y mujeres por igual, padres de preadolescentes y adolescentes arrepentidos de no haber estado ahí, al pendiente, controlando lo que sus pequeños veían en la web. Algunos buscando culpables, otros castigando como en la edad media, otros más sufriendo en silencio porque temen encarar a su propio hijo. Lo cierto es que en estos casos, por un lado hay situaciones que sí pudieron haberse evitado que se volvieron problemas innecesarios, y por el otro, la ignorancia en gran medida, fue la protagonista de estas historias.

2. Después de entender qué pasó en esa familia, y cómo se sienten los padres, se inicia un proceso de cambio de percepción de la realidad: buscamos que dejen de enfocarse

en el problema para poder encontrar soluciones, alternativas saludables para evitar que lo que pasó no se repita. Lo hacemos a través de una lluvia de ideas de posibles medidas para que el "evento" no se presente nuevamente.

3. A la par, un promedio de tres citas con el adolescente ayuda a conocer la otra versión de la historia. Una historia que parece otra, vista con ojos de inocencia, de miedo al regaño, en la que pocas veces se muestra arrepentimiento. Nos ha sorprendido la capacidad, en la mayoría de los chicos, de encarar y asumir lo que hicieron como una experiencia. Generalmente lo admiten francamente y están dispuestos al diálogo y a asumir las consecuencias lógicas de sus actos, pero no las sobrerreacciones ni castigos desproporcionados.

Tenemos muy presente la actitud de una alumna que envió videos íntimos propios a algunos compañeros y compañeras de su colegio (cosa muy común por cierto), quienes los compartieron con otros tantos, hasta que la mayor parte de su generación los tuvo. A esta chica, sus padres le ofrecieron, después de este acontecimiento, cambiarse de colegio, incluso de ciudad ya que contaban con la solvencia económica para hacerlo. La muchacha se negó, y por el contrario, no faltó ni un día al colegio, no dejó de asistir a clases, ni de relacionarse con sus compañeros. En poco tiempo ya nadie recordaba el incidente, y al menos el colegio y los padres de familia, no reportaron incidente alguno de violencia hacia ella, relacionado o no con el asunto de los videos.

Los y las adolescentes expresan una actitud positiva a hacer acuerdos y por lo general a cumplirlos, también a dialogar sobre sus puntos de vista y a tratar de entender la postura de sus papás. Es común que entre lo que piden para el futuro, sea un compromiso de parte de los padres, a brindar apoyo incondicional para la búsqueda de soluciones a cualquier situación que se presente, no solo de tipo sexual o cibernético. Pareciera que padres y jóvenes coinciden que han descuidado la relación entre ellos y en que se requiere que el adulto esté más al pendiente del adolescente.

4. Para finalizar el proceso, también incluye que en las últimas dos o tres sesiones se diseñe un seguimiento a los acuerdos sobre las condiciones del uso del celular y demás dispositivos, y a la relación de confianza que se necesita establecer entre padres e hijos. De igual modo, a los adolescentes se les habla de alternativas de socialización sin riesgos, ya que hemos encontrado que la necesidad de pertenecer a su grupo de amigos está presente también en varios de los problemas que se suscitan. Así que hay que dotar de herramientas de socialización a estos chicos para que utilicen vías alternas al abuso de la tecnología y a la sexualidad.

5. Las intervenciones finales se hacen de manera esporádica, entre tres a seis meses, para revisar cómo va el problema, y si es necesario, hacer ajustes. En algunas ocasiones puede haber recaídas en las conductas pasadas, que de alguna forma son esperadas. Una vez que se revisen nos

darán información sobre qué otros factores estaban impulsando ese comportamiento, que quedaron fuera del análisis inicial, y se hará el trabajo correspondiente con los nuevos factores detectados. En resumen, al enfrentar este tipo de situaciones, el abordaje requiere la revisión de las varias aristas que están propiciando ese comportamiento o están reforzando el problema.

Proponemos también un trabajo preventivo sobre la relación con los adolescentes que es de lo más importante. Más allá de la formación teórica en la escuela, o de la educación sobre modales y buenas costumbres que se deben dar en casa, generar un vínculo entre ustedes hará que tu hijo se desarrolle con seguridad; le dará la capacidad para relacionarse sanamente, las habilidades para detectar peligro y desarrollará en él aprecio por sí mismo. Si bien todo esto no lo inmuniza a meterse en este tipo de situaciones de peligro, sí le da una visión más amplia de lo que puede pasar y lo vacuna para que las posibilidades disminuyan. Por lo tanto, hay que darse el tiempo y a la tarea de fomentar la relación con el joven sin dar sermones, en espacios neutros donde conversar, divirtiéndose y aprendiendo de ellos con paciencia. Para esta estrategia se hace una evaluación de cómo se encuentra dicha relación con los padres y con algunas otras figuras cercanas para él o ella. Esto para llevar a cabo los ajustes necesarios que hagan este lazo fuerte para que sea una fuente de autoestima y apoyo para el adolescente.

El chico *trans* que abrió su corazón

Nos fue derivada Ericka[24], "una joven" que cursaba la adolescencia tardía casi rayando en la adultez, por una colega que seguía siendo su terapeuta, para confirmar o descartar si estaba viviendo una condición de transexualidad. Aunque fue acompañada por sus padres, pidió entrar sola al consultorio. Para su edad mostraba mucha madurez en su forma de hablar y tenía varias aficiones que disfrutaba al máximo (nadar, pintar, escribir, hacer manualidades...).

Cuando se le preguntó la razón por la que había solicitado la cita, expresó "creo que soy transexual", agregando que se había dado cuenta desde la secundaria. Aunque ya desde la primaria reconocía que "mi comportamiento era de niño"; las faldas le molestaban por no ser prácticas y se identificaba con "personajes masculinos" como *Spider-Man*.

Fue en una plática de sexualidad que recibió en la secundaria, donde por primera vez supo de la existencia de la condición transexual y pudo identificarse con lo que decían. Aseveró que estaba seguro al 80 por ciento, pero quería corroborarlo con un profesional. En este punto vale la pena aclarar que no somos nosotros los que determinamos si alguien pertenece a una condición o a otra, lo que hacemos es que acompañamos a la persona a que confirme o descarte, desde su subjetividad, lo que ella misma ya sabe. Sin embargo, estratégicamente nuestra postura es de "los expertos", pero en realidad sabemos que los especialistas en su propia vida son los pacientes; nosotros les damos a

---

24 El nombre es ficticio para protección del anonimato y la privacidad.

conocer las técnicas y el conocimiento científico para ponerlos a su servicio.

Cuando hablamos con los papás detectamos enojo y confusión ante el comportamiento de su "hija", ya que no podían dar crédito que "ella" estuviera viviendo una condición así. De tal manera que lo justificaban diciendo que podría ser producto de una afectación hormonal ya que tenía un problema en la tiroides que no se cuidaba mucho porque no tomaba su medicamento. También tenían la hipótesis de que durante una temporada en la que se fue a vivir "sola", probablemente le pudo haber sucedido algo que "la" confundiera. También argumentaban que desde que se metió en "la ideología" del *anime* coreano, las cosas fueron empeorando. Se sentían heridos porque se había cortado el pelo "como hombre", además de que "la" percibían muy irritable.

Como podrá notarse, se trataba de un círculo de interacción problemática: los padres se sentían lastimados porque percibían que su "hija" los estaba retando al vestirse y comportarse como hombre, y por su parte, el joven *trans*, se sentía irritado porque pensaba que no lo comprendían. Entre más le prohibían "comportarse como hombre", más lo hacía, sacando de sus casillas a los padres, cuya respuesta era ser cada vez más estrictos.

Por lo tanto, a ambos subsistemas (padres e hijo), se les dio la prescripción de la *conjura del silencio*, es decir, no tocarían el tema hasta la siguiente sesión, esto con el fin de apaciguar las aguas y no complicar aún más la dinámica familiar. Por otro lado, al joven se le pidió que imaginara diferentes escenarios en caso de que él corroborara que era transexual: el no abrirlo con sus padres, el hacerlo inmediatamente, después de que terminara la universidad o cuando se independizara. Además, a los padres se les pidió que escribieran diariamente todas sus emociones. Al final se les comentó que en la siguiente sesión se aplicaría un instrumento de *criterios diagnósticos de transexualidad* (DSM V y CIE-10).

Para la segunda sesión se aplicó el instrumento, primero al joven y después a los padres, los resultados eran evidentes: el adolescente cumplía con los criterios suficientes para ser considerado como una persona con condición transexual. Estratégicamente se decidió que hasta la siguiente sesión se les daría la retroalimentación que esperaban. Al joven se le prescribió la tarea de seguir reflexionando si ya era hora de comunicarlo o debía esperar. Tambien se le pidió que pensara que sus padres necesitarían tiempo suficiente y su propio ritmo, sin presiones, para poder asimilar la noticia. A estos últimos se les dejó la tarea de anticipar "¿qué obstáculos como familia tendrían que vencer en caso de que su 'hija' fuera transexual?" y "¿cómo 'la' apoyarían?". A toda la familia se le prescribió nuevamente la *conjura del silencio*.

En la tercera sesión, primero se habló con el joven, quien dijo que se sentía más tranquilo al reafirmar algo que ya sabía y aseguró estar convencido de abrirlo en ese momento con sus papás[25]; solo necesitaba la presencia y apoyo del terapeuta para aclarar dudas que ellos tuvieran. Se le pidió que aguardara en la sala de espera para que nosotros habláramos con sus papás, e irlos preparando para la noticia. Una vez a solas, se les preguntó sobre la tarea y comentaron que, a pesar de que sentían cierto rechazo, enojo y dolor por lo que ya presentían, estaban dispuestos a "apoyarla" hasta que terminara la universidad; pero tenía que ser bajo sus reglas, ya que no estaban de acuerdo en su forma de vestir, con su corte de cabello y en la manera en que descuidaba su salud. También querían saber por qué había cambiado de un momento a otro, ya que antes no había indicios de que "quisiera ser hombre". Por otra parte, expresaron estar muy preocupados por el rechazo social que podría sufrir.

Se hizo pasar al joven y les confirmó lo que ya antes les había dicho: "mamá, papá, quiero decirles que soy transexual". Desde luego los padres estaban conmocionados emocionalmente, y al principio se sintió un ambiente pesado con mucha carga emocional. Hubo una serie de reclamos y preguntas para las que no había respuestas. La mamá expresó que le costaba mucho trabajo aceptar esta situación. También dijo que tenía mucho enojo, pues sentía que había perdido a su "hija" y que no conocía a esta "nueva persona" que tenía en frente. El papá decía sentirse culpable

---

25 Es importante mencionar que quien debe de abrir su identidad u orientación, según sea el caso, es la persona quien la está viviendo y no el terapeuta, porque el experto en su vida y en su subjetividad es el individuo, el terapeuta sólo tiene la labor de acompañarlo.

y se preguntaba en qué se había equivocado. Curiosamente el joven se mostraba muy sereno y comprendía que las reacciones de sus padres eran normales. Fue en ese momento en el que intervenimos desde un enfoque psicoeducativo y terapéutico. Iniciamos diciendo que en esta situación no había culpables, que ellos como padres no habían hecho nada para que esto sucediera y que su hijo tampoco lo había elegido. Se les hizo saber que diferentes estudios revelaban que el apoyo y aceptación por parte de la familia era un factor muy importante para disminuir la probabilidad de violencia en el entorno social (Brill, y Pepper, 2008; Riesenfeld, 2000) de la persona con esta condición, ya que tendría como referente un ambiente amoroso que le permitiría poner límites en caso de maltrato. Se les aclaró que el saberse transexual no necesariamente se da desde la infancia, cada caso es particular, que si bien es cierto algunos lo descubren o lo manifiestan desde muy temprana edad (transexualidad primaria), otros se percatan en la adolescencia o incluso hasta la adultez (transexualidad secundaria). Por otro lado, también se les dijo que el único responsable de cuidar su cuerpo era su hijo, por lo que el debía de tomar las riendas de su propia vida. Además, se les recordó, que más allá de la etiqueta de transexual, lo más importante es que se relacionen con su hijo como persona.

Para finalizar, se les preguntó qué era lo que más deseaban como familia y fue la mamá la que dijo que "un ambiente armónico", con lo que todos estuvieron de acuerdo. Después se les invitó a reflexionar el cómo cada uno iba a colaborar para lograrlo: la madre expresó "aceptando lo que estoy viviendo"; el padre dijo "hablar con los dos, mediando", mientras que el joven concluyó "no presionándolos, siendo más paciente, respetando reglas y dialogando".

Cada miembro de la familia manifestó que se iba con enseñanzas diferentes: el papá estaba en proceso de asimilar el hecho de que aun siendo una mujer biológica, en realidad su hija se sentía hombre; la mamá entendió que es una condición que no se elige, mientras que el joven dijo estar sorprendido que en su familia hubiera la disposición para trabajar para lograr un ambiente armónico. A este último se le sugirió que continuara con su terapeuta, y a los papás se les recomendó que, para asimilar esta situación, podrían iniciar algún tipo de terapia o ingresar a un grupo de padres que estuvieran viviendo la misma experiencia. También les dimos la opción de que se quedara una cita abierta para cuando ellos lo requirieran. Optaron por esta última.

Es fundamental que este tipo de intervenciones se realicen con todo el cuidado y respeto que la familia se merece, fluyendo a los diferentes ritmos de cada persona y de cada sistema. En este caso, las tres sesiones fueron necesarias para que los padres pudieran iniciar un proceso de asimilación emocional y cognitiva, aunque la noticia que su hijo les dio no fuera del todo fácil de digerir. Cada sistema lleva su propia cadencia, la cual debemos observar y acompañar, entrando en sintonía con su historia y sus valores.

Como lo demuestran estos casos, somos nosotros los adultos los que complicamos las cosas al tratar de "solucionar" el problema, haciendo alguna o todas las acciones de la siguiente lista:

• Prohibir
• No hablar del tema
• Disfrazar la verdad
• Dar explicaciones de más
• Atacar
• Mentir
• Descalificar
• Alterarse y gritar
• Calificar como enferma una conducta que no entendemos.

Si comprendiéramos que muchas veces dejar fluir y hacer pequeñas intervenciones o las mínimas necesarias es suficiente, nos ahorraríamos tremendos dolores de cabeza. Las soluciones están al alcance de nuestras manos, si buscamos información certera y clara que nos ayude a entender qué es lo que está pasando con nuestros hijos.

CAPÍTULO 6

INTERVENCIÓN ESTRATÉGICA.
CÓMO CONSTRUIR
SOLUCIONES EFECTIVAS

Muchos de los problemas humanos los complejizamos aún más con "soluciones" basadas en una lógica ordinaria de pensamiento porque la naturaleza de esos conflictos la rebasa. Por ejemplo, muchos padres de adolescentes no entienden por qué es que sus hijos no logran comprender "los mensajes tan claros" que les transmiten para que se cuiden de los peligros del ambiente externo; expresan su desánimo diciendo que ya han intentado todo: hablar con ellos tranquilamente, gritando, llorando, suplicando, etc. De lo que estos padres no se dan cuenta es que han seguido usando la misma lógica, solo que en diferentes grados de intensidad, haciendo más de lo mismo con soluciones intentadas que llevan a los mismos resultados (Watzlawick, *et. al.* 2010).

Otro ejemplo: cuando un grupo de pequeños practica un juego que se llama "mal piensa", evocan objetos que tienen semejanza a la forma de un órgano sexual, casi siempre a la del pene; de inmediato inicia una serie de risas entre los niños, lo que genera mucha incomodidad entre los adultos, debido a que lo interpretan como transgresivo y ofensivo. Para evitar que siga el juego, usan el recurso de la prohibición (desde la lógica ordinaria), logrando con ello aumentar su intensidad. No entienden que aquello que es prohibido se vuelve más tentador, y tal como lo decía Oscar Wilde en su obra El Retrato de Dorian Grey (1890/ 2016) "la única manera de librarse de la tentación es ceder ante ella".

Los casos que revisamos en el último capítulo siguen una lógica no ordinaria, por lo que los protagonistas, al tratar de resolverlos con soluciones no acordes, alimentaban más el problema. Las estrategias aplicadas en estas intervenciones que relatamos están basadas en lógicas no ordinarias como lo refieren Nardone y Balbi (2009).

La primera de estas lógicas se trata de la *lógica de la paradoja*, una ambivalencia que expresa dos mensajes contradictorios de forma simultánea. Por ejemplo, la famosa frase "prohibido prohibir", en donde si se prohíbe prohibir en realidad se está prohibiendo; esto es, se está llevando a cabo la acción que se está condenando.

Esta lógica se reveló en el caso de *El niño al que su mente le ordenaba pensar y decir cosas sobre los órganos sexuales*, cuando la solución intentada de los padres era decirle al niño que no pensara en órganos sexuales y él mismo, de igual manera, intentaba a toda costa dejar de pensar en ello, entrando en una paradoja donde "pensar no pensar, es pensar dos veces". Por lo tanto, se prescribió la contraparadoja: el pequeño tenía que entregarse a sus pensamientos obsesivos dibujándolos durante cinco minutos diariamente. El primer efecto de la intervención fue la reducción, y posteriormente, la erradicación de esos mismo pensamientos.

La segunda lógica no ordinaria es la de la *contradicción*, esto es, afirmo algo y de manera inmediata lo niego; a diferencia de la paradoja donde la afirmación y la negación son simultáneas, aquí se da en dos momentos diferentes. Por ejemplo, en una ocasión una mamá que apresuraba a su hijo para ir a la escuela porque llegarían tarde y le cerrarían la puerta si no lo hacía, le gritó "¡de prisa, córrele, pero despacio!". Si bien lo más seguro es que con la segunda frase la intención de la madre era que lo hiciera con cuidado, la oración en sí misma resulta contradictoria, ya que fomenta lo que se llamaría en comunicación *un mensaje de doble vínculo*.

Esta lógica se manifestó en el caso de *La niña que vio porno en una tablet*, cuando la madre, tratando de generar confianza para que la pequeña le dijera la verdad sobre lo que la había motivado a buscar temas de sexualidad en Internet, la presionaba; pese a que la pequeña daba las respuestas que estaban a su alcance, la madre le decía que ya no le iba a tener confianza si no decía la verdad. Esto generaba un círculo vicioso, pues la niña mostraba signos de tristeza y retraimiento que hacían sospechar a la madre de un posible abuso sexual, lo que hacía aumentar sus temores y presionar aún más para que le dijera la verdad. Lo que se hizo fue prescribir estas estrategias: acercarse a la niña y devolverle la confianza, dejar un canal de comunicación abierto para conversar sobre cualquier situación que le preocupara e implementar la conjura del silencio. Esta intervención lo que propició es que las soluciones intentadas pararan y las aguas recobraran su calma.

La tercera lógica no ordinaria es llamada *lógica de la creencia*. Esta implica la construcción de la realidad a través de los sentidos y el significado que le damos a lo que esos sentidos capturan, es decir mi realidad interna y externa. Esta lógica genera una reacción determinada a partir de la codificación de ese significado.

La vemos plasmada muy claramente en los rituales que realizan famosos del deporte o el espectáculo. En el mundo del teatro, el color amarillo representa mala suerte, así que se procura no llevar alguna prenda de ese color en escena. Esta creencia tiene su origen en el siglo XVII, cuando Molière, talentoso dramaturgo, actor y director francés, interpretó en su última obra *El enfermo imaginario*, el papel principal de enfermo, y casualmente, él mismo estaba sufriendo una grave tuberculosis. Mientras se representaba la obra por cuarta vez, Molière sufrió un peligroso ataque de tos que le ocasionó la rotura de una vena, de la cuál derramó sangre que fue tintando de rojo el traje amarillo que vestía. Pocas horas después murió en un hospital, por lo que desde ese entonces se asocia el color amarillo a la muerte de este personaje. Por tal razón, ahora la creencia dicta que el color amarillo no debe utlizarse o de lo contrario podría suceder alguna tragedia en cualquier puesta en escena. Esta lógica se manifestó en *El caso de Frida. Una niña trans que los demás dudaban que existiera*, en donde, tanto el personal docente como varias madres y padres de familia de los compañeritos de Frida, consideraban que no era posible que existieran niños o niñas transgénero; que más bien se trataba de una confusión de la pequeña y de la familia, o de una imposición "inconsciente de los padres", o de un trastorno psiquiátrico que tendría que tratarse con medicamento. En este caso, estas explicaciones de lo que sucedía provenían de mitos, prejuicios y tabúes. Así que una de las intervenciones fue dar información científica basada en evidencias y se compartieron conceptos básicos, desmitificando estas creencias. Afortunadamente todo el personal docente hizo suya esta información, lo que generó una nueva actitud de apoyo y comprensión hacia la familia y la propia Frida; varias mamás también cambiaron su percepción y asumieron una nueva postura desde la comprensión y el respeto hacia la niña y sus padres.

Desde luego que en el tema de la sexualidad son infinitas las creencias no sustentadas que giran a su alrededor, como muchas de las que hablamos a lo largo de los capítulos anteriores como la de que los niños son "inocentes" y no tienen sexualidad o la que sustenta que si a los adolescentes se les da información sobre sexualidad, esto los llevará a conductas sexuales irrefrenables, que los expondrá a peligros irreversibles que lamentarán ellos y sus familias para toda la vida. Pero lo que quisimos transmitirles con estos casos es que la sexualidad no es un tema dado y cerrado para siempre, sino que es un cúmulo de conocimientos que va cambiando en la dinámica interactiva del día a día; los problemas que se van generando alrededor de ella parten de los esquemas rígidos que hemos ido construyendo en el transcurso de nuestra historia cultural, familiar e individual. Cada una de estas historias se alimenta una a la otra, en una lógica circular más que lineal.

En este sentido, es urgente implementar nuevas lógicas que ayuden a resolver estos problemas, que desde las lógicas ordinarias o del sentido común no es posible. Nuestra esperanza y deseo con este libro es aportar nuevos caminos hacia la resolución de problemas sexuales de los pequeños, sus familias y las escuelas. Sabemos que de entrada estos conflictos les parecen increíblemente complicados, pero con las herramientas que les compartimos, esperamos que encuentren formas más creativas, eficaces y eficientes para resolverlos, evitando años de sufrimiento innecesario.

BIBLIOGRAFÍA

Abia, J. y Núñez, R. (2012). *Manejo estratégico de conflictos internos con hipnosis. Hipnotratamiento de los estados del yo.* México: Instituto Milton I. Erickson de la Cd. de México.

Álvarez-Gayou, J. L. (2001). *Sexoterapia integral.* México: Manual Moderno.

Álvarez-Gayou, J. L. y Millán, P. (2010). *Homosexualidad, bisexualidad, travestismo, transgeneridad y transexualidad: derrumbe de mitos y falacias.* México: Instituto Mexicano de Sexología.

Álvarez, F. (2017). *Recetas mágicas para la sexualidad infantil.* México: Línea continua.

An asexual person is a person who does not experience sexual attraction, (2001-2017). EEUU. The asexual visibility & education network, recuperado en http://www.asexuality.org/?q=overview.html

Asociación Americana de Psiquiatría. (1995). *Manual Diagnóstico y Estadístico de los Trastornos Mentales (DSM IV R., versión en español) (4 ª ed.)*. Arlington, VA. American Psychiatric Publishing.

Asociación Americana de Psiquiatría. (2014). *Manual Diagnóstico y Estadístico de los Trastornos Mentales (DSM V, versión en español) (5 ª ed.)*. Arlington, VA. American Psychiatric Publishing.

Balbi, E. y Artini, A. (2011). *Curar la escuela. Problem solving estratégico para profesionales de la educación*. Barcelona: Herder.

Barba, M. (2018). Definición sexo, género y sexismo. New York, EEUU: *About Español*. Recuperado en: https://www.aboutespanol.com/definicion-de-sexo-genero-y-sexismo-1271572

Barragán, F. (1994). *La educación sexual. Guía teórica y práctica*. México: Paidós.

Barrios, D. y García, M. A. (2008). *Transexualidad: la paradoja del cambio*. México: Alfil.

Berdún L. (2003). *¿Cómo le explico eso? Guía breve para educar en sexualidad a los hijos*. Madrid: Punto de lectura.

Brill, S. y Pepper, R. (2008). *The transgender child. A handbook for families and professionals*. California: Cleis.

Cagnoni, F. y Milanese, R. (2010). *Cambiar el pasado. Superar las experiencias traumáticas con la terapia estratégica*. Barcelona: Herder.

Cabrera, J. (2010). *Diccionario Cisgénero.* Ciudad de México, México. Blog LGBTIQA+. Recuperado en https://archive.is/WghA

Cruz, M. (2016). "Un grupo de padres de familia quiere eliminar estas páginas de los libros de la SEP". Madrid, España: *El País.* Recuperado en: https://verne.elpais.com/verne/2016/08/12/mexico/1470970218_478095.html

Echeverría, R. (2008). *Actos de lenguaje. La escucha. Volumen I.* Buenos Aires: Granica.

Engels, F. (2012). *El origen de la familia, la propiedad privada y el estado.* Recuperado en: www.Marxists.org

Faber, A. y Mazlish, E. (2010). *Cómo hablar para que los niños escuchen y cómo escuchar para que los niños hablen.* México: Diana.

Freeman, J. Epston, D. y Lobovits, D. (2016). *Terapia narrativa para niños.* España: Paidós.

Freud, S. (1905/2012). *Tres ensayos sobre teoría sexual y otros escritos.* España: Alianza.

Genghis Khan, el terror de Mongolia (s.f.). La cultura, semillas para la cosecha colectiva, recuperado en: http://lacultiva.blogspot.mx/2012/06/genghis-khan-el-terror-de-mongolia.html

González de Alba, L. (2007). *La orientación sexual. Reflexiones sobre la bisexualidad originaria y la homosexualidad.* México: Paidós.

Kübler Ross, E. (2006). *Sobre la muerte y los moribundos.* México: Debolsillo.

Laguarda E., Laguarda M. F. y Novelo R. (2015). *A un clic de distancia. Estrategias para abordar el tema de la pornografía con niños y adolescente.* México: Urano.

Lamas, M. (*comp.*) (2013). *El género la construcción cultural de la diferencia sexual.* México: PUEG-UNAM y Porrúa.

La educación sexual (cap. 3) PDF localizado en internet. Recuperado en: http://catarina.udlap.mx/u_dl_a/tales/documentos/ldf/mata_m_md/capitulo3.pdf

Magi, G. (2009). *Las 36 estratagemas. El arte secreto de la estrategia china para triunfar en cualquier campo de la vida cotidiana.* Barcelona: Obelisco.

Miranda, F. (2017). "Unión de padres de familia amenaza con prohibir libros de texto". México: Milenio.com. Recuperado en: http://www.milenio.com/politica/educacion_sexual-union_de_padres-anticonceptivos-sep-milenio-noticias_0_958704428.html

Monroy, A. (2005). *Nuestros Niños y el Sexo.* México: Pax.

Monroy, A. (Coord.). (2006). *Salud y sexualidad en la adolescencia y juventud.* México: Pax.

Muñoz J.(Coord.) (2010). *Homofobia. Laberinto de la ignorancia.* México: UNAM, Centro de Investigaciones Interdisciplinarias en Ciencia y Humanidades y Colegio de Ciencias y Humanidades.

Naciones Unidas Derechos Humanos. Oficina del alto comisionado, 2014). *Derechos sexuales y reproductivos*. México. Recuperado de: http://www.hchr.org.mx/index.php?option=com_k2&view=item&id=622:derechos-sexuales-y-reproductivos&Itemid=268

Nardone, G. (2002). *Miedo, pánico, fobias. La terapia breve.* Barcelona: Herder.

Nardone, G. (2004). *Psicosoluciones.* Barcelona: Herder.

Nardone, G. (2012). *Más allá del miedo. Superar rápidamente las fobias, las obsesiones y el pánico.* Barcelona: Paidós.

Nardone, G (2015). *Ayudar a los padres a ayudar a los hijos. Problemas y soluciones para el ciclo de la vida.* Barcelona: Herder.

Nardone, G. y Balbi, E. (2009). *Surcar el mar sin que el cielo lo sepa. Lecciones sobre el cambio terapéutico y las lógicas no ordinarias.* Barcelona: Herder.

Nardone, G. y De Santis G. (2012). *Pienso, luego sufro. Cuando pensar demasiado hace daño.* Barcelona: Paidós.

Nardone, G., Giannnotti, E. y Rocchi, R. (2008). *Modelos de familia. Conocer y resolver los problemas entre padres e hijos.* Barcelona: Herder.

Nardone G., Mariotti R., Milanese R., y Fiorenza A., (2005). *Terapia estratégica para la empresa. Soluciones en tiempo breve para resolver problemas en las organizaciones.* Barcelona: Integral.

Nardone, G. y Portelli, C. (2006). *Conocer a través del cambio*. Barcelona: Herder.

Nardone, G. y Rampin, M. (2007). *Mente contra naturaleza. Terapia breve estratégica para los problemas sexuales*. Barcelona: Integral.

Nardone, G. y Salvini, A. (2011). *El diálogo estratégico. Comunicar persuadiendo: técnicas para conseguir el cambio*. Barcelona: Herder.

Nardone, G. y Watzlawick, P. (2007). *El arte del cambio. Trastornos fóbicos y obsesivos*. Barcelona: Herder.

O'Connor, J. y Seymour, J. (1993). *Introducción a la PNL*. Barcelona: Urano.

Organización Mundial de la Salud (2017). *Desarrollo en la adolescencia*. Recuperado de: http://www.who.int/ maternal_child_adolescent/topics/adolescence/dev/ es/

Organización Panamericana de la Salud (2003). *Clasificación estadística internacional de enfermedades y problemas relacionados con la salud. (CIE-10 décima versión)*. Washington D.C.: Organización Mundial de la Salud.

Papantouno, M., Portelli, C. y Gibson, P. (2014). *Winning without fighting*. Malta: Malta University Publishing.

Pere F. (2002). *Pedagogía de la Sexualidad*. Barcelona: Graó e ICE de la Universidad de Barcelona.

Popper, K. (1980). *La lógica de la investigación científica*. Madrid: Tecnos.

Prieto M.I. (2002) *Sexualidad infantil*. México: Instituto Mexicano de Sexología A. C.

Riesenfeld, R. (2000). *Papá, mamá soy gay. Una guía para comprender las orientaciones y preferencias sexuales de los hijos*. México: Grijalbo.

Riesenfeld, R. (2008). *Bisexualidades. Entre la homosexualidad y la heterosexualidad*. México: Paidós.

Rodríguez, G. (2016) *Treinta años de educación sexual en México*. En Camarena, M. y Lucía, M, (Coords). *Población, desarrollo y salud sexual y reproductiva*. (p. 13-28). México: UNAM, Instituto de Investigaciones Jurídicas. Recuperado en: file:///C:/Users/Propietario/Documents/SABIDURÍA/Sabiduria%20Sexual/Libro%20Conductas%20Sexuales%20en%20Niños%20y%20Diversidad/Libros%20sexualidad/Treinta%20Años%20de%20la%20Educación%20Sexual%20en%20México.pdf

Rubio, E. y Ortiz, G. (2012). Educación integral de la sexualidad. *Formación para maestras y maestros de educación básica en salud sexual integral. Manual para la educadora y educador. Nivel preescolar*. México: Secretaría de Educación Pública.

Ryan C. (2009). *Niños saludables con el apoyo familiar. Ayuda para familia con hijos e hijas lesbianas, gays, bisexuales y transgénero.* San Francisco: State University- Family Acceptance Project.

Sanz, F. (2012). *Los vínculos amorosos. Amar desde la identidad en la terapia del reencuentro.* Barcelona: Kairós.

Sr. Lu (2016). *Tres Trece: Libros, Pansexualidad y Calacas.* Ciudad de México, México: Homosensual. Recuperado de: http://homosensual.mx/cultura/literatura/trestrece-libros-pansexualidad-y-cala

Sun Tzu (1972/ 2012). *El arte de la guerra. Estrategias milenarias para líderes de todos los tiempos.* México: Lectorum.

Toledo V., Luengo X., Molina R., Murray N., Molina T. y Villegas R, (2000). Impacto del Programa de Educación Sexual: Adolescencia Tiempo de Decisiones. *Revista de la Sociedad Chilena de Obstetricia y Ginecología Infantil y de la Adolescencia, Vol. 7* (3). Recuperado de: http://www.cemera.cl/extension.html

Velarde, L. (2016). *Curso de Terapia Estratégica para Niños. Manual.* México: Kinantah Terapia Estratégica e Hipnosis S.C.

Wainerman, C., Di Virgilio, M. y Chami, N. (2008). *La escuela y la educación sexual.* Buenos Aires: Manantial.

Watzlawick, P., Beavin, J. y Jackson, D. (2008). *Teoría de la comunicación humana. Interacciones, patologías y paradojas.* Barcelona: Herder.

Watzlawick, P., Weakland, J. y Fisch, R. (2010). *Cambio. Formación y solución de los problemas humanos.* Barcelona: Herder.

Watzlawick, P. (comp.) (1994). *La realidad inventada.* México: Gedisa.

White, M. (1991). *Guías para una terapia familiar sistémica.* Barcelona: Gedisa.

White, M., y Epston, D. (1993). *Medios narrativos para fines terapéuticos.* Barcelona: Paidós.

Wilde, O. (1890/ 2016). *El Retrato de Dorian Grey.* México: Austral.

ACERCA DE LOS AUTORES

"Desde nuestro corazón y misión de vida queremos
llevar educación para la sexualidad a la mayor cantidad de
niños, niñas, adolescentes, papás, mamás, familias, profesores
y profesionistas posible... para lograr generaciones con una
mejor capacidad para la toma de decisiones en sexualidad , y así
contribuir a que logren una vida más plena y feliz"

Ma. Elena Balsa Sabbagh

Licenciada en Psicología, Maestra en Terapia Gestalt, Máster en terapia breve estratégica, con diplomado en Intervención Sexológica y en Sexualidad y Erotismo; ha cursado diversos cursos de psicología para la práctica clínica. Cuenta con experiencia en docencia universitaria, capacitación empresarial, práctica clínica privada, como conferencista y tallerista. Apasionada del trabajo con padres y madres de familia en educación para la sexualidad.

Fernando Álvarez Vázquez

Licenciado en Psicología, Maestro en Sexología, Maestro en Hipnosis y Terapia Familiar Breve Sistémica, Máster en Terapia Breve Estratégica con Diplomado en Terapia de Pareja y Diplomado en Hipnosis; especialista en Hipnosis con Niños, en Terapia de Juego y en Prevención y Tratamiento de la Violencia de Género. Con experiencia de docencia a nivel maestría, especialidad y diplomado, así como en la práctica clínica privada. Ha sido ponente en congresos nacionales e internacionales y autor del libro *Recetas Mágicas para la Sexualidad Infantil*. Apasionado de la vida y de la conexión con la humanidad desde el corazón y… también de los viajes.

Ambos son fundadora/e(s), directora/e(s), profesora/e(s), conferencistas y talleristas de *Sabiduría Sexual, Emocional y Espiritual SC*. Esta sociedad colectiva que tiene como misión apoyar y guiar a sus clientes y pacientes en la búsqueda de una mejor calidad de vida, conociendo, entendiendo, manejando y disfrutando de su sexualidad de una manera responsable, sana y adecuada a las necesidades de su edad y condiciones generales de vida. Esto lo hacen por medio de conferencias y talleres en instituciones educativas, así como con capacitaciones a profesionistas y padres de familia.

Para mayores informes:
Correo   sabiduriasexual@gmail.com
Facebook Sabiduría Sexual
Twitter   @SabiduriaSexual

Esta obra se terminó de imprimir
en junio de 2019, en los Talleres de

IREMA, S.A. de C.V.
Oculistas No. 43, Col. Sifón
09400, Iztapalapa, D.F.